文庫

純粋理性批判 1

カント

中山元訳

kobunsha classics

光文社

Title : KRITIK DER REINEN VERNUNFT
2.Auflage
1787
Author : Immanuel Kant

凡例

本訳書ではアカデミー版（Kants Werke, Akademie Textausgabe, III, *Kritik der reinen Vernunft*, 2. Auflage, 1787, Walter de Gruyter & Co.）を底本とし、哲学文庫版（Immanuel Kant, *Kritik der reinen Vernunft*, Felix Meiner, 1956）を参考にしている。一七八七年刊行の第二版（いわゆるB版）を本文として提示し、次に補遺として一七八一年刊行の初版（いわゆるA版）のテクストを示す。ただし初版と第二版の違いが小さなものである場合には、第二版の訳文の訳注として、初版の文章を示している。

カントの第二版の構成ではエピグラム、献辞、序文、序論、本文第一部の順になっているが、この訳書ではエピグラム、献辞、序論（段落001〜033）、本文第一部門の「超越論的な感性論」（段落034〜080）、序文（第二版）（段落V01〜V17）、初版の序文（段落R01〜R16）、初版の序論（段落P01〜P15）の順に掲載している。

序文を後ろに回したのは、「アプリオリな総合命題の可能性」というカントの問いの核心となる問題の考察から、読み始めてほしいと思ったためである。序文はほとんどすべての書物で最後に書かれるものであり、その書物を読了した読者にふさわしい知識が要求される。たとえば段落V14では超越論的な感性論と弁証論の全体の結論が要約されるのであって、できればこの序文は最後に読んでほしいのである。

なお、この訳書では、内容に応じて適宜改行しており、すべての段落に番号と小見出しをつけた。解説では段落番号で引用する。ページの下部に第二版のページ番号（初版のテクストについてはAの記号とページ番号）をつけた。

また、原文の隔字体（ゲシュペルト）とゴチックによる強調のどちらも、傍点で示してある。〈 〉で囲んだところは訳者による強調、［ ］で囲んで挿入したところは訳者による補足である。（ ）で囲まれたところはカントの言葉である。

原注は（注）のように記載して段落の直後に（023nのような形式で）、また訳注は（1）のように記載してまとめて本文の最後に掲げた。

『純粋理性批判 1』目次

＊なお全七巻の内訳は以下の通り（予定）。第二巻、「超越論的な分析論」の第一篇「概念の分析論」。第三巻、「原則の分析論」。第四巻は「超越論的な弁証論」の第二篇第一章「純粋理性の誤謬推論」まで、第五巻は第二章「純粋理性の二律背反」、第六巻は第三章「純粋理性の理想」。第七巻、「超越論的な方法論」。

純粋理性批判 1

II

ヴェルラムのベーコン
『大革新』序

われらはみずからについて語ろうとは思わぬ。しかしここで論じる事柄については、こう願っている。すなわち読者はここに書かれたことを、たんなる私見とみなすことなく、一つの〈事業〉とみなされんことを。また、たんなる学派や学説の創設を目指すものではなく、人類に恩恵をもたらす広大な土台を構築しようとするものであると確信されんことを。そしてそれぞれの人がみずからの利益を考慮し、……一般の利益を勘案し、……この事業に参与されんことを。わたしは読者が良き望みをもたれるように願うものであり、われらの大革新を無際限なもの、あるいは死すべき人間の業を超えたもののように考えたり、みなしたりしないことを願うものである。この大革新こそ、尽きざる誤謬を終わらせ、その正当な限界を示すものだからである。(1)

献辞 III

王国国務大臣

フライヘル・フォン・ツェードリッツ閣下に[2]

閣下！

すべての人がみずからにふさわしい形で学問の成長に貢献することは、閣下みずか V
らご関心をもたれておられることに協力するものとなるでしょう。閣下は学問の保護者としての高貴な地位についておられるだけではなく、閣下がみずから学問の愛好者であり、開明的な識者であられることで、学問とは緊密な関係を結んでおられるのです。このためわたしもまた、みずからの能力のかぎり、みずからの唯一の手段によって、この目的のために何らかの貢献をしうるものと、閣下にご判断いただいたことに、深く感謝の意を表明するものであります(3)。

VI 閣下が本書の初版に、かたじけなくもご注目くだされた恩顧に報いるために、わたしはこの第二版も閣下に献呈いたしたく存じます。そしてわたしの学術に携わる者としての使命にかかわるすべての事柄を閣下のもとに捧げたいと思います。心からの敬意とともに。

閣下の従順なる

イマヌエル・カント

ケーニヒスベルク

一七八七年四月二三日

序論

第一節　純粋な認識と経験的な認識の違いについて

001　経験なしでは何も始まらない

わたしたちのすべての認識は経験とともに始まる。これは疑問の余地のないところだ。認識能力が対象によって呼び覚まされて活動し始めるのでなければ、そもそも何によって動き始めるというのだろうか。対象はわたしたちの感覚を触発するが[4]［対象が感覚に働きかける道は二つあり］、対象みずからが感覚のうちに像を作りだすか[5]、人
15 間の知性［＝悟性］のもつ能力に働きかけるのである[6]。働きかけられた知性は、対象

の像を比較し、これらを結びつけたり分離したりすることによって、感覚的な印象という生《なま》の素材から、対象の認識そのものを作りあげるのであり、この活動が経験と呼ばれる。だからわたしたちのうちの認識において、時間的にみて、経験に先立つものは何もない。すべてが経験とともに始まるのである。

002　認識は合成されたものである

このようにわたしたちのすべての認識が経験とともに始まるとしても、すべての認識が経験から生まれるわけではない。というのも経験によって生まれた認識というものですら、一つの合成物であると考えられるからである。「この合成物を構成しているものは二つあるが、その」一つはわたしたちが「感覚的な」印象によって受けとったものであり、もう一つはわたしたちに固有の認識能力がみずから作りだしたものである（この作用において感覚的な印象は、「認識を作りだすための」たんなるきっかけの役割をはたすだけである）。ところでわたしたちは、長いあいだの訓練によって、認識が合成物であることに注目し「印象に付加されたものを」巧みに分離することができるようにならなければ、この「付加されたものを、感覚的な印象という」土台となる素材から分離することができないのである。

003 アプリオリとアポステリオリ

ここで問いたいのは、経験から独立した認識というものが、すなわち何よりも感覚のすべての印象から独立した認識というものが、存在するかどうかということである。しかしこの問いは、少なくとも詳細に研究せずにすぐに解決できるようなものではない。ところでこのように経験から独立して生まれる認識を、アプリオリな認識と呼んで、経験的な認識と区別することにしよう。経験的な認識の源泉はアポステリオリである(7)。すなわち経験のうちにその源泉があるのである。

004 いわゆるアプリオリな認識

ところでこの「アプリオリという」表現はまだ十分に規定されていないために、ここで提示した問いにふさわしいすべての意味を示すものではない。というのも、経験を源泉として生まれた認識についても、アプリオリに認識できるとか、アプリオリな認識とされる」ものは、わたしたちが経験から直接にとりだしたものではなくて、ある一般的な規則に基づいていると考えられるのである（ただしこうした一般的な規則も、もともとは経験から借用したものなのである）。こうした「いわゆるアプリオリな認識の例をあげてみると」たとえばある人が自分の住んでいる家の土台を掘り崩したとしよう。するとほかの人々は、その人は自分の家が倒れることをアプリオリに認識できたはずだと批判するだろう。自分の家が実際に倒れるという〈経験〉を待たなくても、そのことは「アプリオリに」認識できたはずだというわけである。しかしこの人も「家が倒壊することを」完全にアプリオリに認識することはできなかったはずなのである「ので、このアプリオリという表現は適切ではない」。物体には重さがあること、物体はそれを支えるものを取り外すと落下するという二つのことを、あらかじめ経験によってすでに知っていなければ、これ「家が倒壊すること」を認識できるはずはなかったのである。

005 アプリオリな認識と純粋な認識

だから本書でアプリオリな認識と呼ぶときには、それは個々の経験から独立した認識という意味で理解するのではなく、すべての経験から絶対的に独立した認識という意味で理解していただきたい。こうした認識と対立するのが経験的な認識であり、これはアポステリオリに、すなわち経験によってはじめて可能となる認識である。そしてアプリオリな認識のうちでも、経験的なものがまったく混ざっていない認識を、純粋な認識と呼ぶことにしよう。だから、たとえば「すべての変化にはその原因がある」という命題はアプリオリな命題であるが、純粋な命題ではない。変化という概念は、経験からしか引きだせないものだからである。

第二節　わたしたちはアプリオリな認識を所有していること、日常的な知性の利用にもアプリオリな認識が含まれないわけではないこと

006　アプリオリな認識の二つの基準——必然性と普遍性

ここで問題になるのは、それでは純粋な認識と経験的な認識を確実に区別しうる徴表《しるし》はどのようなものかということである。たしかに経験はわたしたちに、あることがこれこれのものとして起こりうるということ［事実性］を教えてくれるが、それがそのようなものとしてしか起こりえない［必然性］ということは教えてくれない。だから［このように経験的な事実には必然性は伴わないということから］第一に、ある命題が同時に必然的なものとして考えられる場合には、それはアプリオリな判断であるとみなされる。さらにこの命題そのものが、別の必然的な命題からしか導かれない場合には、この命題は絶対的にアプリオリなものである。

第二に、経験に基づいた判断は、いかなる場合にも真の意味での普遍性、厳密な普遍性を示すことはない。この経験的な判断からえられるのは、ただ（帰納によって）

想定された普遍性であるか、あるいは相対的な普遍性であるにすぎない。だから経験的な判断にそなわる普遍性というものは、〈これまで経験したところでは、この規則、あるいはあの規則には例外がなかった〉ということにすぎないのである。厳密な意味で普遍的な命題であり、そもそも例外というものが起こりえないような命題であれば、それは経験によってえられた命題ではなく、絶対的な意味でアプリオリに妥当する命題である。

したがって経験的な普遍性というものは、せいぜい多くの場合に妥当するにすぎないものを、すべての場合に妥当するものであるかのように、恣意的にその妥当性の水準を高めたものにほかならない。たとえば「すべての物体は重い［重さをもつ］」という命題がその実例である［多くの物体はたしかに重いが、重くない物体も考えられる］。これに対して、ある判断に厳密な意味での普遍性が本質的にそなわっている場合には、この普遍性は特別な認識源泉から生まれたものであること、すなわちアプリオリな認識の能力から生まれたものであることは明らかである。

このように必然性と厳密な普遍性は、アプリオリな認識の確実な特徴であり、この二つの特徴はたがいに分かちがたく結びついている。この二つの特徴はどちらもそれだけで確実な［アプリオリの］特徴であるから、それぞれ別に利用するほうが望ましいだろう。というのは、実際に［これら二つの特徴を］利用する際には、ある判断のなかにある偶然性を示すよりも、その判断が経験的に制限されている［すなわち普遍的でない］ことを示すほうが容易であることもあるし、ある判断の必然性を示すよりも、その判断には無制限な普遍性がそなわっていることを示すほうが明白であることもあるからである。

007　アプリオリな純粋判断の実例

人間の認識のうちに、このように必然的で、厳密な意味で普遍的である判断、すなわち純粋でアプリオリな判断が実際に存在することを示すのは、たやすいことだ。自然科学からそのような実例を引きだすとすれば、数学のすべての命題がその好例となる。日常的な知性の利用のうちに、こうした実例を探すとすれば、「すべての変化には原因がある」という命題を示すことができよう。この命題で使われている原因という概念には、原因が結果と結びつく必然性という概念と、この［因果律という］規則が厳密に普遍的なものであるという概念が、明らかに含まれているのである。［この原因の概念は経験から独立した普遍的なものであり］ヒュームのようにこれを、習慣から導こうとすると、この［原因という］概念はまったく失われてしまうことになるだろう。ヒュームは、ある出来事が発生する際には、その前に特定の出来事が随伴するように発生しているときには人々がこの二つの［出来事の］像を結びつける習慣があることから（すなわちたんに主観的な必然性によって）、この原因という概念を説明しようとしたのだった。

しかし人間の認識のうちにアプリオリな純粋原則が存在することを証明するために、このような実例に依拠する必要はないのである。わたしたちはこうした原則は、経験というものが可能であるためには不可欠なものであることを、アプリオリに証明できるはずなのである。というのも、すべての経験は何らかの原則に基づいて発生するものだから、すべての原則が経験的なものであると考えたら、すなわち偶然的なものであると想定したら、経験はみずからの確実性をどこに求めることができるだろうか。このような偶然的な原則を、第一原則として認めさせることはできないはずだからである。ただし［この問題は超越論的な原則にかかわるものであるために深追いせずに］ここでは人間の認識能力の純粋な利用というものが、事実として行われていることを指摘し、この認識能力の［二つの］特徴をあげたことで満足しておくことにしよう。

ところでアプリオリな起源をもつのは判断だけではない。いくつかの概念もアプリオリなものなのである。たとえば物体という経験的な概念を考えてみてほしい。そしてこの概念のうちに含まれているすべての経験的な要素、すなわち色とか、硬さや柔らかさとか、重さのような要素、さらには〈不可侵入性〉のような要素まで次々と取りさってみてほしい[8]。するとこの物体はすっかり消滅してしまうが、それでもこの物体が占めていた空間だけは残るだろう。この空間を取りのぞくことは、どうしてもできないのである。

あるいは物体的なものかどうかを問わず、ある客体についてもっている経験的な概念から、その客体について経験によって獲得したすべての性質を取りさってみてほしい。しかしその客体を実体であると考えた性質、または実体に付属するものであると考えた［偶有的な］性質だけは、取りのぞくことはできないのである（ただしこの実体の概念には、客体一般の概念よりも多くの規定が含まれている）。この実体という概念から必然性の概念を引き離すことはできないため、この概念がわたしたちの認識能力に

6

おいてアプリオリな〈座〉を占めていることは、認めざるをえなくなるのである。

第三節　哲学には、すべてのアプリオリな認識の可能性、原理、範囲を規定する学が必要である

008　経験を超越する認識

これまで述べてきたすべてのことにもまして大切なことがある。特定の認識のうちには、すべての可能な経験の〈場〉を離れようとするものがあり、こうした認識は経験のすべての限界を超えるところまで、わたしたちの判断の範囲を拡張しようとするようにみえるということである。そしてこうした認識はそのために、経験のうちには対応する対象がまったく存在しえない概念を利用するようになるのである。

009 純粋理性の課題

この種の認識は、感覚的な世界を超えたものであって、経験が導きの糸を示すことも、誤りを正すこともできない認識である。そしてわたしたちの理性は、まさにこのような認識を探求しようとする。こうした探求は、その重要性から考えて、わたしたちの知性［＝悟性］が現象の〈場〉で学びうるすべてのものから卓越した性格のものであり、その究極の目的も、はるかに崇高であると考えられる。そしてわたしたちはたとえ錯誤を犯す危険があるとしても、このような大切な探求のためにすべてを賭けようとするのであって、それが疑わしいという理由から、あるいはそれを軽視したり無視したりすることで、これを放棄することは決してないのである。

純粋理性にとって避けることのできない課題とは、神、自由、［霊魂の］不死である。この課題を究極の目的として、すべての準備をそなえて、ひたすらこの課題の解決を目指す学問を形而上学と呼ぶ。この学のとる方法は、最初は独断論的である。すなわち、理性にこのような大事業を実行するだけの能力がそなわっているかどうかをあらかじめ吟味せずに、確信をもってこの事業を遂行しようとするのである。

010

理性の誤謬

しかしわたしたちとしては、どのようにして獲得したのかも不明な認識と、どのようなものを起源としているかも不明な原則を信用して、経験の領域を離れるとすぐに、一つの建物の建設を始めるべきではないだろう（まだこの建造物の土台を、あらかじめ詳細な研究によって確かめることもしていないのだ）。むしろ次のように問い掛けるほうがもっと〈自然なこと〉のように思われるのだ。すなわち、知性はこのようなアプリオリな認識のいっさいをどのようにして獲得したのだろうか、このアプリオリな認識にはどのような範囲があり、妥当性があり、価値があるのだろうか、と。

実際にこの自然なことという言葉を、〈正当に、そして理性的に行うこと〉という意味に解釈するならば、これほどに自然なことはないだろう。しかしこの言葉をふつうの意味で「ごく当然なことと」解釈するならば、この探求がこれほど長いあいだにわたって放置されてきたことほど、自然で明白なことはないのである。というのも、このアプリオリな認識に含まれる数学的な認識が、昔から確実なものとして信頼されてきたために、その他のアプリオリな認識までもが、［数学的な認識とは］まったく異なる性質のものでありうるにもかかわらず、［これと同じように確実なものとして信用されるはずだと］自分に都合のよいことを期待しているからである。

さらにひとたび経験の圏域から超出してしまえば、経験によって反駁される心配はなくなる。自分の認識を拡張することの魅力は非常に大きなものであり、はっきりとした矛盾に直面しないかぎり、その拡張の営みを妨げうるものはない。そしてわたしたちが虚構を作りだす際に慎重に配慮しさえすれば、こうした矛盾に直面するのは避けられるのである（ただしそれが虚構であることに変わりはない）。数学という学問は、わたしたちが経験から独立して、アプリオリな認識をどこまで広げることができるかを、きわめて明瞭に示してくれる実例である。数学は、対象と認識が直観のうちに示される範囲にかぎって、対象と認識を取りあつかう(9)。しかしこのことはすぐに忘れられてしまう。というのも、こうした直観はアプリオリに与えられうるので、たんなる純粋な概念とほとんど区別できなくなってしまうからである。

このように数学の証明によって理性の威力に鼓舞されるため、［わたしたちはこの威力に心を奪われてしまうのであり、認識を］拡張しようとする衝動には、限界がなくなるのである。身軽な鳩は、空中を自由に飛翔しながら空気の抵抗を感じ、空気の抵抗のない真空の中であれば、もっとうまく飛べるだろうと考えるかもしれない。プラトンも同じように、感覚的な世界が知性にさまざまな障害を設けることを嫌って、イデアの翼に乗り、この感覚的な世界の〈彼岸〉へと、純粋な知性の真空の中へと、飛びさったのだった。そしてプラトンは、その努力が彼の探求にいささかも寄与するものではないことには気づかなかったのである。［真空の中では］その上でみずからを支えたり、それに力を加えたりすることができるような、いわば土台となるいかなる抵抗もないために、知性を働かせることができなかったのである。

しかし思索にふける人間の理性にとっては、自分の建造物をできるだけ早く建設してしまって、その後になってからやっと、建造物の土台が適切に構築されているかどうかを調べるという［転倒した］やりかたが、いわばごくふつうの〈宿命〉となっているのである。しかしそのときになると人間というものは、さまざまな言い訳を考えだして、建物の土台は強固なものだと言い聞かせてみずからを慰めたり、後になってから点検を実行することは危険であると、拒んだりするものなのである。

そしてわたしたちは建物を建設しているあいだも、［土台が適切なものかどうかについて」いかなる懸念も疑念も抱かずに、一見したところその土台がしっかりしたものであると、自己満足にふけるが、それには大きな理由がある。それは、わたしたちの理性の仕事の大きな部分、おそらく最大の部分は、わたしたちがすでに対象としている概念を分析することにあるためである。この概念の分析によってわたしたちはさまざまな認識を手にするが、こうした認識はこれらの概念において（まだ混乱した形ではあっても）すでに考えられていること［内容］を解明し、説明するものにすぎない。それでも形式という観点からみるかぎりは、こうした認識は新しい洞察として評価されるのである。しかしわたしたちのもっている概念は、その実質あるいは内容からみると、分析によって拡張されたわけではなく、たんに分解されたにすぎないのである。

この分析という手続きは、真の意味でアプリオリな認識をもたらすものであり、確実で有益な進捗をもたらすものであるために、理性はみずから気づくことなく、まったく別の種類の主張をこっそりと持ち込むのである。そして理性はすでに与えられている概念に、まったく無縁なアプリオリな概念をつけ加える。しかし理性がこのようなことをする理由はわたしたちには理解できないし、それだけにその理由を問うことも思いつかないのである。だからまず、人間の二つの認識方法について区別することから始めよう。

第四節　分析的な判断と総合的な判断の違いについて

011　二つの判断の定義

主語と述語の関係について語っているすべての判断において、主語と述語の関係としては二種類の関係が可能である（ここでは肯定的な判断だけを検討する。後になって否定的な判断にこれを適用するのはたやすいことだからだ）。一つは述語Bが主語Aのうちにあり、Bという概念がこのAという概念のうちに（隠れた形で）すでに含まれている場合であり、もう一つはBという概念はまったくAという概念の外にあり、たんにこの概念に結びつけられているだけの場合である。最初の場合をわたしは分析的な判断と呼び、第二の場合を総合的な判断と呼ぶ。

分析的な（肯定）判断とは、述語と主語が同一性の原理によって結びつけられる判断である。そして総合的な判断とは、述語と主語の結びつきを同一性の原理によって考えることができない判断である。第一の分析的な判断は、解明的な判断とも呼べるだろうし、第二の総合的な判断は拡張的な判断とも呼べるだろう。

分析的な判断では、述語は主語の概念に新しいものを何もつけ加えず、たんに主語の概念を分析していくつかの部分的な概念に分解するだけである。そしてこの部分的な概念は、主語の概念において（混乱した形であっても）すでに考えられていたものなのである。これにたいして総合的な判断では、述語は主語の概念に［外から］つけ加えられるのであり、この述語は主語の概念のもとではまったく考えられていなかったものであり、主語の概念を分析しても、とりだすことができなかったはずのものである。

たとえば「すべての物体は広がり［＝延長］をもつ」という命題を述べるとしよう。これは分析的な判断である。というのも、物体の概念と結びついている〈広がり〉という概念をみいだすためには、物体という主語と結びついている概念を超えて、外にでる必要はないのである。ただ物体の概念を分析するだけで、すなわちわたしがつねに物体の概念のもとで考えている多様なものを意識するだけで、〈広がり〉という述

11

語がこの〈物体〉という主語のうちにみいだされるのである。だからこれは分析的な判断である。

これにたいして「すべての物体は重さをもつ〔重い〕」という命題を述べるとしよう。この述語「重さ」は、たんなる物体一般の概念においてわたしが考えているものとは、まったく異なるものである。こうした述語をつけ加えることで、総合的な判断が生まれるのである。

012 経験的な判断

経験的な判断は、その本性からしてすべて総合的な判断である。分析的な判断を経験によって基礎づけようとするのは、愚かしいことだろう。分析的な判断を構成するためには、わたしは自分の概念の外にでる必要はまったくないのであり、この判断をするためには、経験による証言はまったく不要なのである。物体は〈広がり〉をもつという命題は、アプリオリに確認される命題であり、経験的な判断ではない。経験に依拠するまでもなく、わたしは概念のうちにこの判断を構成するすべての条件を所有

12

しているのであり、この［物体という主語の］概念のうちから矛盾律の法則にしたがって、［広がりをもつという］述語を引きだすことができるのであり、同時にこの判断の必然性を意識することができる。経験はわたしにこうした必然性については決して教えてくれることはないのである。

これにたいしてわたしは、物体一般の概念のうちに〈重い〉という述語をまったく含めていないが、この［物体という］概念はわたしの全体の経験の一部であり、その意味で経験の対象となるものであるから、わたしはこの経験の一部に、わたしの［全体の］経験の他の部分［たとえば重いという述語］を、この経験の対象に属するものとしてつけ加えることができるのである。

物体という概念には、さまざまな特徴が考えられる。たとえば広がりがあること、侵入することができない不可侵入性という性格をそなえていること、ある形状をもつことなどである。そしてわたしはこれらの特徴を利用することで、物体という概念を前もって分析的に認識することができるのである。次にわたしは、この物体という概念を取りだしてきた［過去の］経験を振り返ることで、わたしの認識を〈拡張〉してみると、この〈重さ〉という概念がつねに前記の物体の特徴と結びついていたことが理解できる。こうしてわたしはこの重さという概念を、物体という概念の述語の一つとして総合的につけ加えるのである。だから重さという述語が、物体という概念と総合的に結びつけられる可能性の土台となっているのは経験なのである。というのも、この［物体と重さという］二つの概念は、一方の概念が他方の概念を含んでいるわけではないが、そのどちらも、さまざまな直観が総合的に結びついたものとしての経験という全体の一部を構成するものであり、偶然的なものとしてではあっても、たがいに結びついたものなのである。

013　アプリオリな総合判断の謎

しかしアプリオリな総合判断には、このような［経験という］補助手段がまったく欠如しているのである。わたしがAという概念に、Bという他の概念が結びついていることを認識するためには、Aという概念を超えてその外にでねばならないのだが、そのときにわたしは何に依拠しているのだろうか、この総合はどのようにして可能となるのだろうか。この場合にはわたしは、経験の〈場〉においてその根拠を探すという便利な方法を利用できないのである。

たとえば次の命題について考えてみよう。「すべての生起するものにはその原因がある」。この〈生起するもの〉という概念においてわたしは、あるものが存在していること、そしてそのものが存在するためには、ある時間がすでに経過していることなどを考えることができ、そこから分析的な判断を引きだすことはできる。しかし〈原因〉という概念は、この〈生起するもの〉という概念のまったく外部にあるもので、〈生起するもの〉とはまったく異なることを示している。この概念は〈生起するもの〉という概念が描きだす像［＝表象］には、まったく含まれないのである。

それではわたしはどうすれば、一般に〈生起するもの〉について、それとまったく異なったことを語ることができるのだろうか、そして〈生起するもの〉という概念にはまったく含まれていない原因という概念を、〈生起するもの〉に必然的に含まれるものとして認識することができるのだろうか。人間の知性［＝悟性］はここで、ある未知のもの（X）に基づいて、Aという概念の外部にあり、Aという概念と異質なBという述語が、このAという概念と結びついていると考えるのであるが、それではこの未知のもの（X）とは、いったいどのようなものだろうか。

それは経験ではありえない。［生起するものには原因があるという］前記の原則は、経験が作りだすことができるよりもいっそう大きな普遍性によって、それが必然的なものであることを表現しながら、まったくアプリオリに、たんなる概念だけによって、原因という第二の概念の像［＝表象］を、〈生起するもの〉という第一の概念につけ加えたのである。そしてわたしたちのアプリオリな認識による思考が成立するかどうかは、究極的にはこのようなアプリオリな総合［が成立するかどうか］に、すなわち原則が拡張されるかどうかに依拠しているのである。というのは分析的な判断はきわめて重要であり、必要なものではあるが、概念を明確にするにすぎない［のであり、重要なのはアプリオリな総合判断である］からである。ただしこれは［すなわち分析的な判断によって、このように概念を明確にすることは］総合的な判断を確実で拡張されたものにして、この新たな財産を確保するためには、必要なことなのである。

第五節　理性に基づくすべての理論的な学には、アプリオリな総合判断が原理として含まれる

014　数学的な命題と矛盾律

（一）数学的な判断はすべて総合的な判断である。この命題は、議論の余地のないほど確実なものであり、そのためにきわめて重要なものである。しかしこれまで人間の理性を分析する人々はこの命題に注目してこなかったし、これらの人々の見解とは、正面から対立しているかのようである。というのも数学者の推論は、すべて矛盾律にしたがって行われるものであることが確認されてきたために（数学という学問が必然的な確実性という性格をもつためには、これは必要なことである）、数学のさまざまな原則もまた、矛盾律から認識されるべきものだと信じ込まれていた。しかしここで彼らは間違えたのだ。たしかに総合的な命題もまた、矛盾律にしたがって理解できる場合があるが、それは別の総合的な命題が前提となっていて、この命題にしたがって推論できる場合にかぎられる。総合的な命題そのものを矛盾律によって推論できるわけで

はないのである。

015　純粋数学のアプリオリ性

まず何よりも確認する必要があるのは、ほんらいの意味での数学的な命題はつねにアプリオリな判断であって、経験的な判断ではないということである。数学的な命題には必然性という性格がそなわっているが、この必然性は経験からは決してえられないからである。しかしこのことを認めようとしない人もいるかもしれない。いいだろう、それではわたしは純粋数学だけに話を限定することにしよう。純粋数学はつねにアプリオリな純粋認識だけを含み、経験的な認識を含まないということは、純粋数学という概念そのものが必然的に示していることだ。

016　算術の命題が総合的であることの証明

あまり深く考えない人なら、あるいは「七に五を加えると一二になる」という命題は純粋に分析的な命題であり、七と五の〈和〉という概念から、矛盾律にしたがって導かれると考えるかもしれない。しかしもっとじっくりと考えてみると、七と五の〈和〉という概念に含まれているのは、二つの数を一つの数に結びつけるということだけであり、二つの数を結びつけた数がどのようなものであるかは、まったく考えられていないことが分かる。一二という概念は、わたしがたんにあの七と五という数を結びつけたときに、すでに考えられているものではない。だからわたしがこのような可能的なものにすぎない和という概念をどれほど分析してみたとしても、その概念のうちに一二という数に出会うことはないのである。［一二という数をみいだすためには］この七と五という概念の外にでる必要があるのであり、そのためにはこの二つの概念の片方に対応する具体像［＝直観］を助けとするのである。たとえば自分の五本の指や、（ゼーグナーが著書『算術』で示したように[10]）五つの点などを助けとして、この具体像として与えられた五つの単位を、七という概念につけ加えるのである。

つまりわたしはまず、七という数字をとりあげてみる。そして五という概念にたいして、五本の指の具体像を助けとして利用することで、それまで五という数を構成するために利用していた単位を、五本の指を手掛かりにして、七という数に一つずつ加えてゆくと、一二という数が生まれてくるのがわかるのである。七を五に加えるべき、であるということは、わたしはすでに七と五の〈和〉という概念において考えているが、この和が一二であるということは、この［和という］概念のうちではまだ考えられていなかったのである。だから算術の命題はつねに総合的なのである。このことは、もっと大きな数を考えてみれば、さらにはっきりとする。というのは、わたしたちが自分の概念をどれほど好きなようにいじくりまわしてみても、具体像の助けを借りなければ、わたしたちの概念を分析しただけでは、その和をみいだすことは決してできないのは明らかだからである。

017　純粋幾何学の総合性

純粋な幾何学の根本命題にも、分析的な命題はまったく存在しない。「直線は、二つの点を結ぶ最短［の距離］である」という命題は、一つの総合的な命題である。まっすぐなというわたしの概念には、量の概念はまったく含まれず、質の概念が含まれるだけだからである。最短［の距離］であるという概念は、この命題にただ［そと

42

から」つけ加えられたものであり、直線という概念を分析しても、この概念は取りだすことができない。ここでも具体像を助けとして利用せざるをえないのであり、これを利用することで、初めて総合が可能となるのである。

018 幾何学と総合命題

幾何学者が前提とするいくつかの根本原則は、たしかに分析的であり、矛盾律にもとづいたものである。しかしこれらの原則は、同一律の原則と同じように、方法の連鎖として役立つだけであり、原理として利用できるものではない。たとえば $a=a$、すなわち「全体はそれ自身［全体］と同一である」とか、$(a+b)>a$、すなわち「全体は部分よりも大きい」などである。これらの原則はたしかにたんなる概念によって妥当するものではあるが、数学においてこれが許容されているのは、それを具体像［=直観］において記述することができるからである。一般にこうした原則では、このような必然的な判断の述語が、すでにわたしたちの概念のうちに含まれているかのような印象を、すなわちそれが分析的な判断であるかのような印象をもちやすいが、わたしたちがそう考えるのは、記述のあいまいさのためである。

つまり、わたしたちは与えられた［主語］概念に、ある特定の述語をつけ加えて考えることを求められているのだが、こうした概念にはすでにこのような必然性［の印象］がそなわっているのである。しかし問題なのは、わたしたちが与えられた［主語］概念に何をつけ加えて考えるべきかということではなく、漠然とではあっても、わたしたちがこの［主語］概念において何を現実に考えているかということである。［このことを考察してみれば］この述語概念はその［主語］概念に必然的に結びついたものではあるが、それ［主語概念］そのものにおいて考えられたものではないこと［すなわち分析的なものではないこと］、そうではなく、この［主語］概念に結びつけられるべき具体像を媒介として、この［主語］概念に結びつけられた［すなわち総合的な］ものであることが明らかになるのである。

019　自然科学とアプリオリな総合命題

（二）自然科学（物理学《フュシカ》）は、アプリオリな総合判断をみずからの原理として含んで、いる。その実例として、二、三の命題だけをあげておくことにしよう。たとえば「物体の世界では、あらゆる変化をつうじて、物質の量はいつまでも不変である」という「質量保存の」法則と、「運動のあらゆる伝達をつうじて、作用と反作用はつねに同じでなければならない」という「作用・反作用の」法則をあげておこう。いずれの命題も必然的なものであり、これらがアプリオリに作られた命題であることは明らかであり、しかもこれらの命題が総合的な命題であることもまた、明らかなのである。

なぜならわたしが物質という概念で理解するのはその持続性ではなく、たんにその物質が空間を満たすことによって、その空間のうちに存在しているということだからである。だからわたしが物質という概念のうちに考えていなかったものを、この概念においてアプリオリに考えることができるためには、ほんとうの意味でこの概念から外にでるのである。だからこの命題は分析的なものではなく、総合的なものであるが、それでもアプリオリなものとして思考されているのである。自然科学の純粋科学の部門で利用されるその他の命題についても、同じことが指摘できる。

020 形而上学とアプリオリな総合命題

（三）形而上学は、これまではたんに試みられただけの学であるにすぎないが、人間の理性の性格から考えて不可欠な学とみなされているかぎりでは、アプリオリな総合認識を含んでいるはずである。だから形而上学が試みるのは、わたしたちが事物についてアプリオリに作りだす概念をたんに分析することによって、これを分析的に説明することではない。むしろわたしたちはみずからのアプリオリな認識を拡張することを望むのである。そのためにわたしたちは、与えられた概念に、そこに含まれていなかったものをつけ加える原則を利用しなければならないのである。こうしてアプリオリな総合判断によって、わたしたちはこの概念から遠く離れたところまで外にでてゆくのであり、もはや経験はわたしたちに追いつけなくなるのである。たとえば「世界には端緒があるのでなければならない」という命題がその一例である。だから形而上学は少なくともその目的においては、アプリオリな総合命題だけで構成されるのである。

第六節　純粋理性の普遍的な課題

021　純粋理性の課題

もしも多数の研究作業を一つの〈課題〉という形でまとめることができれば、それだけでも大きな利益となる。そうすれば自分がこれからなすべきことを正確に規定することができるので、作業しやすくなるだけでなく、こうした作業を点検しようとする人々にとっても、わたしたちがみずからの課題を適切に実行できたかどうかを、判断しやすくなるからである。さて、純粋理性のほんらいの〈課題〉は、アプリオリな総合判断はどのようにして可能となるかという問いを明らかにすることにある。

022　ヒュームと形而上学の不可能性

形而上学はこれまで不確実で矛盾した学であると評価されて、不安定な地位を占めてきたのだが、その唯一の原因は、この「純粋理性の」課題に思い至ることができなかったこと、おそらくはこれまで分析的な判断と総合的な判断の違いについて考えてみることができなかったことにある。形而上学が存続しつづけるか、それとも滅びるかを決定するのは、まさにこの課題を解決できるか、それともこの課題を解決できる可能性が現実にまったく存在しないことを十分に証明できるかどうかにかかっているのである。

ディヴィッド・ヒュームは、すべての哲学者のうちでこの課題にもっとも近づいた哲学者であるが、この課題を十分に明確に考察することも、この課題が普遍的なものであることに考え至ることもできず、たんに「ある出来事の」結果を、その「出来事の」原因に結びつける総合的な命題（因果律の原理）を考察しただけで、そこから足を踏みだすことがなかった。ヒュームはこのようなアプリオリな命題はまったく不可能であることを証明したと考えた。だからヒュームの推論にしたがうと、わたしたちが形而上学と呼んでいるすべての学はたんなる妄想にすぎず、形而上学において理性の洞察と誤って考えられているものは、事実としては、経験から借用されたものが習慣の力によって必然性という外見を獲得するようになっただけのものだということになる。ヒュームはこのように主張することで、すべての純粋な哲学を破壊することになったのである。しかしヒュームがわたしたちの［純粋理性の］課題は普遍的なものであることを考察していたならば、こうした主張にたどりつくことはなかったはずである。というのも、［たとえば］純粋数学にはアプリオリな総合命題が含まれているのは確かなことであるから、ヒュームの論拠にしたがうと、純粋数学というものは成立しえないことになってしまうと、洞察できたはずだからである。そして健全な知性［＝悟性］をもつ人間としてヒュームは、このような主張に到達することはありえなかったはずなのである。

023　二つの枢要な問い

すでに述べた［純粋理性の］課題を実現できれば、対象についてのアプリオリな理論的認識を含むすべての学を根拠づけることができ、こうした学を完成するために純粋な理性を利用する可能性も、同時に確立されることになるだろう。すなわちこの課題を遂行することで、次の二つの問いに解答が示されることになるのである。

純粋数学はどのようにして可能となるか？

純粋な自然科学はどのようにして可能となるか？

純粋数学も純粋な自然科学も、どちらも現実に存在するものだから、それらがどのようにして可能となるかと問うことは、きわめて適切なことだろう。それが可能でなければならないことは、これらの学が現実に存在することによって証明されているからである（注）。しかし形而上学については、この学がこれまで順調に発展してこなかったために、そして形而上学の本質的な目的から判断するかぎり、これまで主張されてきた形而上学が実際に存在しているとは言えなかったために、形而上学が実際に可能であるかどうか、疑問を抱くだけの十分な理由が存在するのである。

023n　純粋な自然科学の可能性

（注）純粋な自然科学というものが存在するかどうか、疑問とする人が多いかもしれ

ない。しかし物質の質量が保存されるという法則や、慣性の法則、作用と反作用が等しいという法則など、ほんらいの意味での（経験的な）物理学の最初に語られるさまざまな命題を考察してみれば、これらの命題が純粋物理学（あるいは合理的な物理学）を構成するものであるのはすぐに納得できることだろう。この純粋物理学は、その適用の範囲が狭いか広いかは別として、そのすべての範囲にわたって確立される価値のある独立した学であることは、すぐに理解できるはずである。

024　形而上学の問い

しかし［数学や自然科学だけでなく、形而上学に含まれる］種類の認識が可能であることも、ある意味では認められているとみなすことができる。形而上学もまた、［まだ］学としてではないとしても、［すでに］人間の自然の素質として（素質としての形而上学として）、実際に存在するのである。というのも人間の理性というものは、博識を誇るという虚栄のためではなく独自の欲求に駆られて、理性を経験的に使用しつつも、理性のこのような経験的な使用から借用してきた原理によっては答えることのできない問いにまで、抑えがたい勢いで進んでいくものなのである。だから理性が発達して思索にふけるようになると、つねに人間の心のうちに、ある種の形而上学が生まれてきたのであり、今後もつねに生まれるものなのである。だから形而上学については次のように問うこともできる。

形而上学は人間の自然の素質として、どのようにして可能となるか？

そしてこの問いは次のように言い換えることができる。純粋な理性がみずからに問い掛ける問いは、人間の普遍的な理性が自然にそなえる本性のうちからどのようにして生まれるのだろうか、そして純粋な理性がみずからの欲求にもとづいて、この問いに答えるように駆り立てられるのはなぜなのだろうか、と。

025　学としての形而上学の可能性

［形而上学が問いかける問いは、人間の理性にとって］自然な問いなのである。たとえ

ば「世界には端緒というものがあるのか」、それとも「世界に端緒というものはなく、永遠に存在しつづけてきたのか」という問いは、こうした自然な問いの一つである。しかしこうした自然の問いに答えようとするこれまでのすべての試みには、避けられない矛盾がつねに存在してきたのだった。だからわたしたちは、人間の理性には形而上学的な素質が存在するという答えだけでは満足することができない。すなわち人間の心にはつねに純粋な理性能力というものが存在していて、これがつねにある種の形而上学を(それがどのようなものであるとしても)生みだしてきたのだという答えでは、満足できないのだ。むしろ形而上学について、いくつかのことを確実なものとして定めることができなければならない。すなわち[一]形而上学はその対象について「確実な」知を所有しているのか、それとも対象を認識することはできないのか、[二]すなわち形而上学はその問いの対象を確実に決定することができるのか、[三]理性には、その対象について判断する能力が存在するのか、しないのか、[四]わたしたちは、みずからの理性を信頼して、これを拡張することができるのか、それとも理性にはしっかりとした明確な制約を加える必要があるのか、などの疑問を解決する必要があるのだ。この最後の問いは、すでに述べた「純粋な理性の」課題が普遍的な性質であることから生まれたものであり、当然ながら次のように表現することができるだろう。

学としての形而上学はどのようにして可能となるか？

026 批判と学

だから理性についての〈批判〉は結局のところは、学にならざるをえない[11]。批判なしに理性を独断的に利用するならば、つねに根拠のない主張に到達するのであり（この根拠のない主張にたいしては、外見だけはもっともらしい別の主張を対立させることができる）、いずれは懐疑論にいたるのである。

027 学の課題

ところでこの［理性批判という］学は、人をうんざりさせるほどに広範なものとなることはない。この学がとりあつかうのは、理性が適用される客体ではなく（理性の客体は限りのない多様性をそなえたものである）、理性そのものだからである。この学の課題とするところは、すべて理性の内奥から生まれでてきたものであり、事物の本性によってではなく（これは理性とは異なるものである）、理性そのものの本性によって、理性に定められたものである。もしも理性が、経験において出会う可能性のある対象について、みずからの能力を前もって完全に認識していれば、あらゆる経験の限界を超えて理性を利用しようとする試みについては、その範囲と限界を完全に、しかも確実に定めることが容易になるはずなのである。

028　形而上学の目的とその必要性

これまでは、形而上学を独断論的に完成させることが試みられてきたのだが、このような試みはすべて、実際には行われなかったものとみなさねばならないし、そうみなすことができる。形而上学で行われたさまざまな分析的な作業は、人間の理性にアプリオリに宿っている概念をたんに分解していただけであるが、これはほんらいの形而上学の目的ではなく、その準備にすぎないのである。ほんらいの形而上学が目的とするのは、そのアプリオリな認識を総合という方法で拡張することであり、分析的な作業はこの仕事を行うには適さない。分析的な作業は、概念のうちに含まれていたものを示すことができるだけだからである。必要なのは、わたしたちがなぜこうした概念にアプリオリに到達するのかを示すことであり、さらにあらゆる認識の対象そのものにかんして、こうした概念の利用がどのようなものであれば、妥当なものであると言えるかを規定することなのである。

しかし［独断論的な形而上学への］こうした要求をすべて放棄することに、それほど大きな自制が必要なわけではない。形而上学の名声がこれまで失墜していたのは、［こうしたわずかな自制が欠けていたために］形而上学が独断論的な方法を使わざるをえず、理性が自己矛盾に陥っていたからである。形而上学は人間の理性にとっては不可欠な学であり、そこに生え伸びた幹を切りとることはできても、それを根こそぎに根絶させることはできないのである。だからここで必要なのは、この形而上学という樹木をもっと別の、これまでとはまったく反対の形で育て、さらに大きく成長させて、豊かな実りをもたらすようにすることなのである。そのためには、内的な困難によっても、外的な抵抗によっても妨げられずに、さらに忍耐強く仕事をつづけていく必要がある。

第七節　純粋理性批判と呼ばれる特別な学の理念と区分

029　純粋理性の批判のための予備学、超越論的な哲学

これまで述べてきたすべてのことから、純粋理性批判と呼ぶことのできる特別な学の理念が生みだされる。というのも理性とは、アプリオリな認識のための原理を与えることができる能力のことだからである。だから純粋な理性とは、あるものをまったくアプリオリに認識することのできる諸原理を含む理性である。純粋な理性の道具《オルガノン》というものがあるとすれば、それはこうした諸原理を総括するものであろう。これらの諸原理を利用することで、すべての純粋な認識をアプリオリに獲得することができ、こうした純粋な認識を実現することができるのである。そしてこうした道具《オルガノン》を詳細に適用することで、純粋理性の体系が作られることになるだろう。

しかしこれは非常に骨の折れる仕事であるし、そもそも人間の認識を拡張すること

ができるかどうか、拡張できるとすればどのような場合に拡張できるのかは、まだ確実なことではない。だから、わたしたちはこの仕事を、純粋理性と、その源泉および範囲を判定することだけを目指す、純粋理性の体系のための予備学《プロペドイティク》とみなすことができる。この予備学は学説《ドクトリン》ではなく、たんに純粋理性の批判《クリティック》と呼ばれねばならない。そして思考にかんしては、この予備学はまったく消極的に利用されるものである。人間の理性を拡張するためではなく、純化するためだけに役立つもの、理性が誤謬に陥るのを防ぐものとなろう。これだけでもわたしたちには大きな利益となるのである。

わたしは、対象そのものを認識するのではなく、アプリオリに可能なかぎりで、わたしたちが対象を認識する方法そのものについて考察するすべての認識を、超越論的な認識と呼ぶ⑫。そしてこのような諸概念の体系は⑬、超越論的な哲学と呼ばれるべきであろう。しかしこの初期の段階においてこれを超越論的な哲学と呼ぶのは、ここではまだ誇大な呼びかたである。超越論的な哲学であれば、分析的な認識とアプリオリな総合認識を完全に含んでいなければならないが、ここで含めるには、本稿の意図からして、あまりに範囲が広すぎるからである。わたしたちが分析することができるのは、アプリオリな総合の原理をその全体の範囲において洞察するために分析が不可欠で必然的である場合だけだからである（そしてわたしたちがここで探求しているのは、アプリオリな総合の原理だけなのである）。

わたしたちはこの研究を〈学説《ドクトリン》〉ではなく、超越論的な〈批判《クリティック》〉と呼ぶことができるだけである。それはこの学が認識そのものを拡張することではなく、認識の是正を目的としているからであり、すべてのアプリオリな認識に価値があるか価値がないかを試す試金石となるべきだからである。わたしたちがいま試みているのは、このような研究なのである。この〈批判〉は、おそらくこうした一つの道具《オルガノン》を準備するものとなるだろうし、このような道具がうまく作れないとしても、少なくとも純粋理性の基準《カノン》を準備するものとなるだろう[14]。そしてこの基準に基づいて、いつの日にか純粋理性の哲学の完全な体系を、分析的にも総合的にも記述できるようになるだろう（そしてこの体系の目的が、純粋理性の認識を拡張することにあるか、それをたんに制限することにあるかは問わないのである）。

この体系が可能であるということ、そしてこの体系は、その全体の完成を望めないほど大規模なものにはなりえないことは、次のことに基づいて、あらかじめ推測することができる。すなわちこの体系が対象とするのは、「人間の外部に存在する」事物の本性ではなく（それはほんらい無尽蔵なものである）、事物の本性について判断を下す［人間の内部の］知性［＝悟性］であり、しかもこれがアプリオリに認識する場合にかぎられるからである。この知性はわたしたちの内部にあるもので、外部に探し求める必要はないから、その存在がわたしたちに隠されたものでありつづけることはできない。そしてどのように考えても、この知性の量はそれほどに大きなものではないから、完全に列挙し、その価値の有無にしたがって判定し、適切に評価することができるのである。

ただし本書に、純粋理性の体系の批判や純粋理性にかんする書物の批判を期待すべきではない。本書で考察するのは純粋な理性能力そのものの批判だけである。しかしこの批判に依拠することによってのみ、哲学という学問分野における古今の著作の哲学的な内容を評価するための確実な試金石を手にしうるのである。この批判に依拠しない場合には、その資格のない歴史家や判定者が、自分の根拠のない主張に基づいて、同じように根拠のない他人の主張を判定するような羽目に陥るのである。

030　超越論的な哲学と批判

超越論的な哲学とは一つの学の理念にすぎず、純粋理性批判はこの理念のために学のすべての設計を建築学的に、⑮すなわち原理に基づいて展開する必要がある。そしてこの学という建造物を構成するすべての部分の完全性と安全性を十分に保証する必要がある。だから超越論的な哲学は、純粋理性のすべての原理を体系として構築するものである。

ただし〈批判〉はみずから超越論的な哲学と名乗ることはない。それは批判が完全な体系であるためには、人間のアプリオリな認識全体の詳細な分析を含む必要があるからである。たしかにわたしたちの批判も、ここで述べているような純粋理性を構成するすべての根本概念を列挙する必要がある。しかし批判ではこうした根本概念そのものを詳細に分析することも、この概念から派生した概念を十全に評価することも差し控えるが、それは次の理由からみても、妥当なことなのである。まず第一に、「根本概念を分析するのではなく」総合する手続きの場合には、「その正当性についての」疑念が存在するのであり、批判の全体がこの疑念を解明するために行われるのであるが、分析の場合には［総合の手続きにみられるような］こうした疑念が向けられないから、［こうした十全な評価は］当初の目的に沿わないのである。第二に、このような［根本概念の］分析と［その派生概念の］導出の作業が完全に行われるための責任を負うということは、本書の企画の統一性を損ねるものであり、本書の目的からはこうした責任は免除されてしかるべきなのである。こうした［根本概念の］分析の十全性について、そしていずれ［超越論的な分析論で］提示するアプリオリな概念の導出の十全性については、総合のための詳細な原理としてこうしたアプリオリな概念が提示された後に、その本質的な目的に欠けるところがないことが保証されれば、すぐにでも確認できるのである。

031　批判の課題

こうして、純粋理性批判には、超越論的な哲学を構成するすべてのものが含まれることになる。だから純粋理性批判は超越論的な哲学の完全な理念ではあるが、まだこの学そのものではない。この批判で行われる分析の対象となるのは、アプリオリな総合認識を十全に判定するために必要な範囲にかぎられるからである。

032 超越論的な哲学と道徳

この学［超越論的な哲学］の区分を決定するためのもっとも重要な基準は、経験的なものを含んだ概念が入り込まないようにすることにある。あるいはこの基準は、アプリオリな認識が完全に純粋なものであるようにすることだと、言い換えることもできる。このため道徳の最高原則と根本概念は、アプリオリな認識ではあるが、超越論的な哲学には含まれないのである。道徳の最高原則と根本概念は、快と不快、欲求と心の傾きなどのように、すべて経験的な起源をもつ概念を、みずからその［「汝……すべし」というような］道徳的な命令の根底に置くようなことはしない。しかし純粋な道徳の体系を構築する際には、これらの概念を体系の内部に導入しなければならないからである。この［道徳の］体系における義務の概念のもとでは、これらの［快と不快のような経験的な起源をもつ］概念は、克服すべき障害物となるか、それによって行動すべきではない刺激とみなされるのである。したがって超越論的な哲学は、たんに思索するだけの理性の哲学的な理論《ヴェルトヴァイスハイト》である。すべての実践的なものは、それが原動力となるものを含む場合には感情に関係するのであり、感情は経験的な認識の源泉に含まれるものなのである。

033 超越論的な哲学の区分

一つの体系という一般的な観点にもとづいてこの学の区分を定めようとするならば、この学にはこれから示すように、第一に純粋理性の原理論を、第二に純粋理性の方法論を含める必要がある。それぞれの主要部門はさらに小さな部門に分割されるが、この分割のための根拠をここで示すことはできない。導入のためのこの序論としての役割においては、人間の認識には二つの〈幹〉があることを指摘しておくだけで十分であろう。この二つの〈幹〉とは感性と知性［＝悟性］であり[16]、これらはおそらく、まだわたしたちには知られていない一つの共通の〈根〉から生まれてきたものである。感性によって、わたしたちに対象が与えられ、知性によってこの対象が思考されるのである。

そして感性にはアプリオリな像［＝表象］が含まれているはずであり、このアプリ
オリな像によって、わたしたちに対象が与えられるための条件が作りだされるのであ 30
るから、感性は超越論的な哲学に含まれるものとなろう。こうして超越論的な感性論
が、原理論の第一部門とならねばならないだろう。認識の対象は、ただ感性の条件の
もとで与えられるのであり、その条件は、その対象が思考されるための［知性の］条
件よりも前に考察しなければならないからである。

第一部　超越論的な原理論

第一部門　超越論的な感性論

第一項[17]

034 直観の力

認識が対象とどのような方法で、あるいはどのような手段で関係するかを問わず、認識が対象と直接に関係するための方法は直観であり、思考するためには、その手段として直観を必要とする[18]。しかし直観しうるためには、対象がまずわたしたちに与えられねばならない。少なくとも人間においては、対象が与えられるためには、対象が必ず何らかの方法で人間の心《ゲミュート》を触発しなければならない。

わたしたちは対象から触発されるという方法で、対象の像［＝表象］をうけとるのであるが、この像をうけとる能力（受容性）は、感性と呼ばれる。だからわたしたちにはこの感性を介して対象が与えられるのであり、この感性だけが直観をもたらすのである。ところで対象について思考することができる能力は知性［＝悟性］であり、この知性から概念が作られる。しかしすべての思考は、まず直観と、すなわちわたしたち人間においては、感性と関係するのであって、それが直接に（じかに《ディレクテ》）であるか、ある迂回路を通って特定の〈特徴〉を通じて間接的に《インディレクテ》であるか、は問わない。ただしそのほかの方法で、わたしたちに対象が与えられることはない。

035　感覚と現象

わたしたちが対象から触発されるということは、わたしたちの心のうちに、［対象の］像［＝表象］を形成する能力がそもそも存在していて、これに対象が働きかけ、そこでわたしたちのうちに感覚が生まれるということである。感覚をつうじて対象にかかわる直観は、経験的な直観と呼ばれる。経験的な直観の対象は、それが［まだ個別の性質をもつものとして規定されていないという意味で」未規定なものである場合には、［一般的に］現象と呼ばれる。

036 現象の素材と形式

この現象のうちには、わたしたちの感覚に対応するものがあり、これを現象の素材と呼ぶ。この現象のうちには、そこに含まれる多様なものを特定の関係において秩序づけることができるものがあるはずであり、これを現象の形式と呼ぶ。だからさまざまな感覚をそれだけで秩序づけ、特定の形式において提示できるものが存在するわけだが、それそのものが感覚であることはありえない。すべての現象の〈素材〉はわたしたちにアポステリオリに与えられるのだが、［現象が与えられる］その〈形式〉はすでにわたしたちの心のうちにアプリオリに与えられている「のであって、これによって感覚が生まれるのでなければならない」。だからこの形式は、すべての感覚とは別に考察できなければならない。

037 経験的な直観と純粋な直観

わたしは、感覚に属するものをまったく含んでいない像［＝表象］を、純粋な像と呼ぶ（これは超越論的な［すなわち認識を可能にする条件を作りだすという］意味においてである）。だから感覚的な直観そのものの純粋な形式は、［現象の素材とは別に］心のうちにアプリオリにみいだすことができるはずである。そして現象における［素材の］すべての多様なものは、この形式によって、特定の関係において直観されるのである。この感性の純粋な形式は、純粋な直観と呼べるだろう[19]。［ここで一つの思考実験をしてみよう。］まずわたしが物体について心に描くさまざまな像のうちから、実体、力、分解可能性など、知性［＝悟性］が考えだしたものを取りのぞいてみよう。次に物体の像のうちから、不可侵入性、硬さ、色など、感覚に属するものを取りのぞいてみよう。それでもこの経験的な直観のうちにはまだ何かが残っているのである。それが物体の〈広がり〉［＝延長］と〈形〉である。この二つは純粋な直観に属するものである。この純粋な直観というものは、知覚や感覚が現実的な対象をもっていない場合にも、感性の単純な形式として、心のうちにアプリオリに存在しているのである。

038　感性の理論[20]（エステティーク）

アプリオリな感性についてのすべての原理の学を、わたしは超越論的な感性論と呼 36
ぶ（注）。だから超越論的な原理論の第一部門を構成するのは、このような学でなければならない。これにたいして、純粋な思考の原理を含む部門は、超越論的な論理学と呼ぶ。

038n　エステティークという語について

（注）ほかの諸国と異なりドイツだけにあっては、ほかの国で趣味の批判と呼ばれて
いるものを感性の理論（エステティーク）という語で呼んでいるのである。その背景 35
には、優れた分析家であったバウムガルテンの希望（ただし実現することのなかった希

望）が潜んでいるのである。[21] バウムガルテンは、美しいものについての批判的な判断を理性の原理の一つとして示すことで、美の規則を学にまで高めようとしたのである。しかしこの努力は実を結ぶものではない。このような美の規則や基準というものは、その主要な源泉から判断しても経験的なものであり、わたしたちの趣味判断がしたがうべきアプリオリな法則として使えるものではないからである。むしろわたしたちの趣味判断のほうこそ、こうした規則や基準の正しさを確認するほんらいの試金石として働くべきなのである。

だからこの［エステティークという］言葉は、ひとまず消え去るにまかせておいて、この語の示す真の学のために利用するか（これによって古代の語法と意味にもっとも近づくことになる。古代においては認識は感覚されたもの《アイステータ》と考えられたもの《ノエータ》のいずれかに分類されたことは周知のことである）、あるいは思考をみずからの課題とする哲学にふさわしい形で、超越論的な意味において、あるいは心理学的な意味において使うか、そのどちらかにすることが望ましいのである。

039 感性のアプリオリな形式——空間と時間

この超越論的な感性の部門において第一に、感性を孤立させてみよう。そして知性がその概念によって思考しているすべてのものを感性から分離してみれば、経験的な直観だけを残すことができるだろう。第二にわたしたちは、このようにして残った経験的な直観のうちから、感覚に属するすべてのものを分離してみよう。そうすれば、感性がアプリオリに提供できる唯一のものとして、純粋な直観すなわち現象のたんなる形式だけを残すことができるだろう。このように調べてゆくことで、感性による直観には空間と時間という二つの純粋な形式があり、これはアプリオリな認識の原理であることが理解できるだろう。以下ではこの二つの形式を検討してみよう。

第一章　空間について

第二項　空間の形而上学的な解明

040　外的な感覚と内的な感覚の形式

わたしたちの心《ゲミュート》の特性の一つとして外的な感覚能力がある。(22) わたしたちはこの能力によって、対象をわたしたちの外部にあるものとして、すなわち空間の内にあるものとして心に描くのである。この空間において、対象の形、大きさ、たがいの関係が規定されるか、あるいは規定されうる。

また心は、内的な感覚能力を通じて自己を、あるいはみずからの内的な状態を直観する。ただしこの内的な感覚能力は、魂《ゼーレ》そのものを一つの客体として直観するものではない[23]。しかし内的な感覚能力にはある特定の形式がそなわっていて、心の内的な状態を直観するのは、この形式によらねばならないのである。［この形式とは時間であり］その内的な規定に属するすべてのものは、この時間という形式との関係で心に思い描かれるのである。

この時間［という形式］は、［心の］外部において直観することはできないし、空間［という形式］は、［心の］内部において直観することはできない。それではこの空間と時間とはどのようなものなのだろうか？　これは現実に存在するものなのだろうか？　空間と時間は、事物の規定にすぎないのだろうか、あるいは事物のあいだの関係にすぎないのだろうか。または空間と時間は、物自体に属するものなのだろうか（物自体を直観することはできないとしてもである）。それとも空間と時間は、直観の形式にいわば付着したようなものにすぎないのだろうか。その場合には空間と時間は、わたしたちの心の主観的な特性に付着するものにすぎず、こうした主観的な特性なしでは、空間と時間という述語は、いかなる事物にもあてはめることができないのであろうか[24]。

これらの問いに答えるために、まず空間の概念について解明してみよう。ここで解明という言葉を説明しておけば、これはある概念について、明確な像を描くことである（ただし詳細な像でなくてもよいのである）。そしてこの解明が、概念をアプリオリに与えられたものとして提示するときには、それは形而上学的な解明と呼ばれる。

041 空間のアプリオリ性

（一）空間は人間の外的な経験から引きだされる経験的な概念ではない。というのもさまざまな感覚が、わたしたちの外部に存在するものにかかわるためには、すなわち空間においてわたしが現に占めている場所とは別の空間の場所を占めているもの「すなわちわたしの外部にある対象」にかかわるためには、そもそも空間という像「＝表象」がすでにその土台となっていなければならない。わたしはこの空間という像を土台とすることで、これらの感覚をたがいに分離しながら併存したものとして、すなわちたんに異なっているだけでなく、それぞれが異なった場所に存在するものとして、心に思い描く「＝表象する」ことができる。だから空間という像は、わたしが経験を通じて、外部のさまざまな現象の相互の関係に基づいて借用したものではないのである。このような外部の［現象についての］経験そのものを可能にしているのが、空間という像なのである。

042　空間の必然性

（二）空間は必然的でアプリオリな像であり、すべての外的な直観の土台となるものである。空間の中に対象が存在しない状態はすぐに思い浮かべることができるが、空間そのものが存在しない状態を思い浮かべることは決してできない。だから空間は、さまざまな現象が可能になるための条件なのであり、現象に依存した規定の一つと考えてはならない。外的な現象の土台となる必然的でアプリオリな像なのである。(25)

043　空間——純粋な直観

（三）空間は、事物一般の関係についての論証的な［すなわち言葉で説明できるような」概念ではないし、よく使われる表現で言えば、「事物についての」一般的な概念でもない。空間は純粋な直観なのである。その第一の理由として、人間には一つの空間しか心に思い描けないことがあげられる。たしかに多数の空間について語ることもあるが、これはじつは単一の空間の複数の部分について語っているにすぎないのである。このような部分的な空間というものは、すべてのものを包括する単一の空間のいわば構成要素として、この空間に先立つものと考えてはならないし、こうした部分的な空間を合成することで、この単一の空間が形成できると考えてもならない。部分的な空間は、単一の空間の内部でしか考えることができないものなのである。

空間はそもそもただ一つしか存在しない。空間における多様なものも、空間そのものの一般的な概念も、この唯一の空間を〈制限する〉ことによって生まれたものである。そこから次の結論が引きだされる。空間にかんするすべての概念の土台となっているのは、空間についての（経験的な直観ではなくて）アプリオリな直観であるということである。だから、「三角形の二辺の和は他の一辺よりも大きい」といった幾何学の原則はすべて、直線や三角形についての一般的な概念から導かれたものではなく、直観から導かれたもの、それも必然的な確実性をそなえたアプリオリな直観から導かれたものである。

044　概念ではなく、直観としての空間

（四）空間は無限の与えられた大きさ《グレーセ》として、心に思い描かれる。ところでどのような概念も、考えられるかぎりの無数の異なった像のうちに（その共通の特徴を示すものとして）含まれている像として考えることができるし、［反対に］こうした無数の像をみずからのもとに含む像と考えることができる。しかしどのような概念であっても、それが概念であるかぎりは、無数の像をみずからのうちに含むものとして考えることはできない。ところが［すでに述べたように］空間においてはこのように［無数の像をみずからのうちに含むものとして］考えることができるのである（というのは、無限に分割された空間のすべての部分は同時に存在するからである）[26]。だから空間の根源的な像はアプリオリな直観であり、概念ではない[27]。

第三項　空間の概念の超越論的な解明

045　超越論的な解明の定義とそのための条件

超越論的な解明とは、ある概念を一つの〈原理〉として解明することであるが、［それを〈超越論的な〉と呼ぶのは］その原理によって、他のアプリオリな総合認識の可能性が洞察されるからである。そのためには次の二つの条件が必要になる。（一）与えられた概念から実際にこのような［アプリオリな総合］認識が導かれること、（二）そこに与えられたような種類の概念の解明を前提としないかぎり、こうした認識が不可能であること。

046　幾何学の実例

幾何学は、空間の特性を総合的に、しかもアプリオリに規定する学である。それでは空間についてのこのような認識が可能となるためには、空間の像はどのようなものでなければならないだろうか？　空間は根源的な直観でなければならない。というのは、［空間が直観ではなく、概念だとすると］たんなる概念からは、その概念の〈外に〉でるような命題をとりだすことはできない。しかし幾何学ではこれが可能だからである（序論の第五節を参照されたい[28]）。

しかしこの直観はアプリオリに、すなわち対象についてのいかなる知覚よりも前に、わたしたちの［心の］うちに存在していなければならない。だからこの直観は純粋な直観でなければならず、経験的な直観であってはならない。というのは幾何学の命題はすべて必然的な命題だからであり、幾何学の命題には「経験的なものにはそなわっていない」必然的なものという意識が結びついているからである。たとえば「空間は三次元である」という命題を考えてみよう。このような命題は経験的なものではありえないし、経験判断でもありえない。ましてやこうした経験判断から推論されるものでもない（序論の第二節を参照のこと[29]）。

047　主体の外的な感覚の形式としての空間

ところでこの［空間という］外的な［事物のための］直観は、さまざまな客体そのものに先立つものだとされているし、ここ［空間という外的な事物のための直観］において対象の概念がアプリオリに規定されるのだとされているのであるが、それではこうした外的な［事物のための］直観はどのようにして心のうちに宿ることができるのであろうか？　それは明らかにこの外的な［事物のための］直観が、主体の外的な感覚一般の形式として、まさに主体のうちにその座を占めているからである。すなわち主体が客体から触発された際に、主体はこれらの客体の直接的な像、すなわち直観を獲得するのであり、この［空間という］外的な［事物のための］直観は主体のそのような形式的な特性として、主体のうちに存在しているのである。[30]

048　幾何学の可能性

だからアプリオリな総合認識としての幾何学がどのようにして可能であるかは、ここに示した説明によらなければ理解できないのである。幾何学の可能性を示すことができない説明は、それがここで示した説明とどれほど似通ったものであったとしても、この点からわたしたちの説明との違いを明確に指摘することができるのである。

前記の概念からえられる結論

049 空間と物自体の特性

（a）空間は事物そのもの［＝物自体］の特性を示すものではないし、複数の事物の相互の関係を示すものでもない。だから空間は事物そのものの規定ではない。事物そのものの規定であれば、それは対象そのものに付着しているはずであり、直観から主観的な条件をすべて取り去った後にも、事物のもとにまだ残っているはずである。ところが事物についての規定は、それが絶対的な規定であるか、相対的な規定であるかを問わず、その事物が存在する以前には、すなわちアプリオリには、直観することができないのである。

050　感性の主観的な条件としての空間

（b）空間は外的な感覚に現れるすべての現象にそなわる形式にすぎない。空間は、人間の感性の主観的な条件であり、わたしたちはこの条件のもとでのみ、外的なものを直観できるのである。主体には対象から触発されるという受容性がそなわっているが、主体が客体を直観する前に、つねにこの受容性が先立って存在していなければならない。ここからすぐに理解できるように、すべての現象の形式［である空間］は、いかなる現実的な知覚よりも前に、心のうちにアプリオリなものとして存在していなければならないのである。また、この［空間という外的な感覚の］形式は、純粋な直観、すなわちすべての対象がそのうちで規定されねばならない直観である。ここにはあらゆる経験に先立って、さまざまな対象の相互の関係を示す原理を含むことができるのである。

051 人間の立場

だから空間についてとか、広がり［延長］をもつものなどについてとか語ることができるのは、人間という立場からだけなのである。人間が外的な事物を直観するために必要な主観的な条件、すなわち対象によって触発されるために必要な条件を捨ててしまうならば、空間という像はまったく無意味なものとなる。この［空間という］述語が事物に適用されるのは、それが人間に現れるかぎりのことであり、事物が［人間の］感性にとっての対象であるかぎりのことである。

わたしたちはこのような受容性の不変の形式を、感性と呼ぶ。さまざまな対象は、ある相互的な関係のもとで、わたしたちの外部にあるものとして直観されるのであり、こうしたすべての関係のために必要な条件が、感性なのである。そしてわたしたちがこれらのすべての対象を除き去ったときには、そこには純粋な直観だけが残ることになり、これが空間という名前で呼ばれるのである。

わたしたちは人間の感性の特別な条件［である空間］を、事物が存在する可能性の条件にすることはできない。これは事物が［わたしたちに］現象として現れるために必要な条件であるにすぎない。だから〈空間には、わたしたちの外部に現象として現れることができるすべての事物が含まれている〉と主張することはできるが、〈空間には、すべての物自体が含まれる〉と主張することはできない——物自体が直観されるかどうか、あるいはどのような主体によって直観されるかにかかわらずである。というのはわたしたちは「人間以外の」他の思考する存在者による直観「がどのようなものであるか」については、まったく判断できないからである。人間の直観は人間一般に妥当するものであり、人間に固有の制約をそなえているものであるが、他の存在者の直観にも、こうした同じ条件が妥当するものかどうかは、判断できないのである。

主語となるある概念に、「その概念の適用範囲を適切な形で限定する」制約を加えるならば、その「主語となる概念についての」判断は無条件で妥当するものとなる。たとえば「すべての事物は空間において併存する」という命題を考えてみよう。この命題は、この〈すべての事物〉という主語に、人間の感性による直観の対象であるという制約を加えた場合にかぎって、妥当するのである。だからここでこの「主語となるすべての事物という」概念に条件を追加して、「人間にとって外的な現象として現れるすべての事物は、空間のうちに併存する」と語るならば、この規則は普遍的に、制約なしに妥当するものとなるのである。

だからわたしたちの解明によって次のことが明らかになった。まず空間というものは、すべてのものが対象としてわたしたちに外的なものとして現れることのできる場という意味では、実在性、すなわち客観的な妥当性をそなえているのである。また同時に、事物が理性によって物自体として考えられる場合には、すなわち人間の感性の特性を考慮せずに考えられる場合には、この空間は［事物についての普遍的なイデア性という意味で］観念性をそなえているのである。

こうしてわたしたちは、空間が（すべての可能な外的な経験については）経験的な実在性をそなえていると主張すると同時に、空間にはこうした経験についての超越論的な観念性もそなわっていると主張するのである。この［空間に］超越論的な観念性がそなわっていることが意味することは、すべての経験の可能性の条件を放棄して、空間が物自体の根底にあると考えるようになった瞬間から、空間は何ものでもなくなるということである。

052　空間とその他の主観的な像の差異

外的なものにかかわる主観的な像［＝表象］のうちで、アプリオリに客観的なものと主張できるのは、空間のほかには何もない[31]。というのは空間において直観したものからは、さまざまなアプリオリな総合命題を引きだすことができるが、ほかの主観的な像からは、こうしたアプリオリな総合命題を引きだすことはできないからである（第三節参照[32]）。だから［空間以外の］こうした主観的な像は、厳密な意味では［イデア的な］観念性をそなえていないのである。たとえば［主観的な像の実例をあげてみると］色彩、音色、暖かさの感覚は、人間の主観的な特性としての視覚、聴覚、触覚という感覚方式に属するものであり、［主観的な特性という意味では］空間の像と共通するものであるが、［空間とは異なり］観念性をもつものではない。こうした色彩、音色、暖かさの感覚は、たんなる感覚にすぎず、直観ではないために、そのものとしては客体を（少なくとも）アプリオリには認識させるものではないのである。

053 物自体は認識できない

このような注意を促したのは、すでに指摘した空間の観念性を主張するために、あまりに不適切な実例が使われるのを防ぐことにある。たとえば色彩や味などは、事物の特性とみなすべきものではなく、たんに人間の主観に生じた〈変化〉にすぎないものとみなすべきであり、その変化は異なった人間においては異なったように知覚される可能性があると考えるべきである。もともとは現象にすぎないもの、たとえば「人間の目に映った」一本の薔薇が、経験的な意味では物自体として理解されることがあるが、そうすると「物自体であるはずの薔薇の特性としての」色は、各人に異なったものとして見られうる「という奇妙な」ことになるのである。

これにたいして空間の現象についての超越論的な概念は、このような見方に批判的な注意を促すものである。すなわち、空間のうちで直観されたものはどれも物自体ではないし、事物そのものに固有の形式などでもないのである。また、対象そのものはわたしたちにはまったく知られていないものであり、わたしたちが外的な対象と呼んでいるものは、人間の感性が思い描いた心像にすぎないものであり、この感性の形式が空間なのである。人間の感性が思い描く像に真の意味で対応するのは物自体であるが、これは空間という形式によってはまったく認識されず、認識されえないものである。物自体は経験においてはまったく問われないのである。

第二章　時間について

第四項　時間の概念の形而上学的な解明

054　時間のアプリオリ性

時間については次の点を指摘できる。

（一）時間は何らかの経験から引きだされてきた経験的な概念ではない。時間という像［＝表象］がアプリオリなものとして土台となっていなければ、同時存在ということも、継起的な存在ということも、まったく知覚できないはずである。このような時間という像を前提としなければ、いくつかの事物が同じ時点において（同時に）存在することも、異なる時点において（継起して）存在することも、心に思い描くことはできないのである。

055　時間の必然性

（二）時間はすべての直観において土台として利用される必然的な像である。さまざまな現象を時間から外して考えることはできるが、現象一般から時間そのものを取り去ることはできない。だから時間はアプリオリに与えられているのである。さまざまな現象が現実性をもつのは、時間においてのみ可能なことである。さまざまな現象はすべて取りのぞくことができるが、時間そのものは（現象を可能にする一般的な条件として）、取りのぞくことはできない。

056　時間は一つの次元をもつ

（三）時間にこのようなアプリオリな必然性があることに基づいて、時間の相互的な関係を規定する必然的な原則が可能となるのであり、時間の公理一般が可能となるのである。時間には一つの次元しかない。だから複数の異なる時間が存在する場合には、それは同時に存在することはできず、継起して存在するしかない（空間については［時間とは対照的に］、複数の異なる空間が存在するときには、継起して存在することはなく、同時に存在するしかないのである）。

これらの［時間の関係についての］原則は経験から引きだすことはできない。経験からは、厳密な意味での普遍性も、必然的な確実性も示すことはできないからである。わたしたちが［経験について］語ることができるのは、「これこれでなければならない」ということではなく、「一般に、知覚からこれこれのことが示される」ということにすぎない。ところがこれらの［時間の関係についての］原則は、経験一般が可能となるための規則とみなされる。わたしたちは経験する以前から、こうした原則によって経験するための規則を教わるのであり、経験によって教わるわけではないのである。

057　感性による直観の純粋な形式としての時間

（四）時間は論証的な概念ではないし、一般的な概念と呼ばれるものでもなく、感性による直観の純粋な形式である。異なった時間とは、同じ時間の異なった部分にすぎない。唯一の対象によってしか与えられない像は、「概念ではなく」直観である。「さまざまに異なる時間は、同時に存在することはできない」という命題は、一般的な概念からは導くことができないだろう。この命題は総合的なものであり、概念だけからは導けないのである。だからこの命題は、直観のうちに、そして時間の像のうちに、直接に含まれているものなのである。

058　時間の無限性

（五）時間が無限であるということはたんに、時間の長さを規定するためには、その土台となっている単一の時間に制約を加えることが必要であるということを意味するにすぎない。時間の根源的な像は、何によっても制約されていないものとして与えら

48

れていなければならない。そして部分的な時間も、ある対象のもつそれぞれの時間的な長さも、このような［単一の時間に加えられた］制約によって生まれたものとしてしか、心のうちで思い描くことはできないのである。だから［時間の］全体的な像はたんに概念によって与えられるものではなく（というのは概念は、部分的な時間の像だけを含むものであるから）、直接的な直観として、部分的な時間の像の土台となるものでなければならない[33]。

第五項　時間の概念の超越論的な解明

059　変化や運動の概念と時間

わたしは時間の概念の超越論的な解明として検討すべき点を、説明を簡潔にするためにすでに形而上学的な解明において考察してしまったので、前出の［時間の概念の形而上学的な解明の］第三項を参照していただきたい。ここで［時間の概念の超越論的な解明としてとくに］つけ加えておきたいことは、［事物の］変化の概念と、運動、すなわち場所の変化の概念は、時間の像を使うことによってのみ、そして時間の像においてのみ可能であるということである。この時間の像が（内的で）アプリオリな直観でないとしたら、どのような概念を使ったとしても、変化の可能性を把握させることはできなかっただろう。変化とは、まったく同一の客体のうちにおいて、［論理学において、二つの命題が両立しえないことを示す］矛盾対当の関係にある述語が結びつけられるということなのである(34)（たとえば、ある事物がある場所に存在するという命題と、その事物が同じ場所に存在しないという命題［はたがいに矛盾対当の関係にあるが、これが同一の客体のうちで成立すること］である）。

一つの事物において、矛盾対当する二つの規定が結びつくことができるためには、それらが継起するものとして現れるしかないのであり、それは時間のうちだけで可能なのである。［力学の］一般的な運動論には、多数のアプリオリな総合認識があり、どれも有益なものであるが、こうした認識が可能であることを明らかにしてくれるのは、時間概念だけなのである。

第六項　これらの概念からえられた結論

060　時間が主観的な条件でなければならない理由

（ａ）時間はそれだけで存在するような〈あるもの〉ではない。また物の客観的な規定として、物に付着していて、物の直観に含まれるすべての主観的な条件を取りのぞいた後に残るようなものでもない。第一の［時間がそれだけで存在する〈あるもの〉である］場合には、時間は現実的な対象なしでも、なお現実に存在するものになってしまうだろう。第二の［時間が事物に付着している］場合であれば、時間は事物そのものに結びついた一つの規定や秩序とみなされることになり、対象を成立させるための条件であるにもかかわらず、対象以前には存在できないことになるし、総合命題によってアプリオリに認識したり、直観したりすることもできないだろう。しかし時間とは、わたしたちのうちですべての直観が成立するための主観的な条件にほかならないと考えるならば、このこと［時間の概念が対象以前に存在すること、総合命題によってアプリオリに認識および直観されること」は十分に可能となるのである。そのときには時間はわたしたちの内的な直観の形式であるのだから、さまざまな対象に先だって存在しているのであり、アプリオリに心に思い描くことができるのである。

061　直線によるアナロジー

(b) 時間は内的な感覚能力の形式にほかならないのであり、わたしたちは時間という形式において自己自身と、自己の内的な状態を直観するのである。なぜなら時間は外的な現象のいかなる規定でもありえないからである。時間は［事物の］形態にも、位置などにも属するものではない。そうではなく時間は、さまざまな像がわたしたちの内的な状態において、たがいにどのような関係にあるかを規定するのである。この内的な直観そのものは、どのような形態も作りださないため、この欠陥を補うためにわたしたちは、アナロジーに頼ることになる。そして時間の継起を無限につづく一本の直線のアナロジーで考えようとするのである。多様なものはこの一直線のうちに連なる系列を作りだすのであり、この系列には一つの次元しかない。そしてこの直線のさまざまな性質から、時間のさまざまな性質を推論しようとするのである。ただし［時間と直線のアナロジーには］一つの違いがある。直線のさまざまな部分は同時に存在するが、時間のさまざまな部分は［同時に存在することはなく］つねに継起するということである。このことから明らかになるのは、時間の像はそれ自体が一つの直観であるということである。時間のすべての関係は、一つの外的な直観において表現されるからである。

062　現象が成立するための条件としての時間

（c）時間はすべての現象一般にそなわるアプリオリな形式的な条件である。空間もまたすべての外的な［事物のための］直観の純粋な形式であるが、［時間とは違って、人間の］外部の現象だけにそなわるアプリオリな条件であるという制限がある。ところで人間が心で思い描く像はすべて、それが外部の物を対象とするかどうかを問わず、すべて人間の心の規定であるために、心の内的な状態に属する。しかし［すでに述べたように］この心の内的な状態というものは、内的な直観の形式的な条件にしたがうものであり、そのため時間［という条件］にしたがうのである。こうして、時間はすべての現象一般にそなわるアプリオリな形式的な条件である［と結論することができる］。さらに時間は、（わたしたちの魂の）内的な現象の直接的な条件であり、そのことによって、外的な現象の間接的な条件でもある。

わたしがアプリオリに、すべての外的な現象は空間のうちにあり、空間の諸関係によってアプリオリに規定されていると語ることができるならば、同じように内的な感覚能力の原理にしたがって一般的に、すべての現象一般、すなわち感覚能力のすべての対象は時間のうちにあり、必然的に時間との関係のうちにあると語ることができるのである。

063　**認識の条件と時間**

［わたしたちの認識方法を反省してみるならば］わたしたちはまず自分自身を内的に直観するのであり、次にこの内的な直観を媒介として、像を思い描く能力によって、すべての［事物を］外的な直観として把握するのである。このようなわたしたちの［認

識」方法をまったく無視して、わたしたちは対象をそれがあるがままで「物自体として」認識できるのだと考えるならば、時間というものは無にひとしいものとなる。

時間が客観的な妥当性をもつのは現象にたいしてだけである。現象とは、それがすでにわたしたちが自分の感覚能力の対象として想定する事物だから「であり、時間はこうした現象を直観するための形式だから」である。しかしわたしたちが、直観を与える感性を無視し、さらに心のうちで像を思い描くというわたしたち人間に固有の方法を無視して、事物一般について語るときには、時間はもはや客観的なものではなくなる。

だから時間はわたしたち（人間）の直観の主観的な条件にすぎず（これはつねに感覚的なものである。すなわちわたしたちが対象によって触発されるかぎりは、つねに感覚的なものである）、それ自体としては、主体の外部においては無にひとしいものなのである。それにもかかわらず時間は、すべての現象にかんして、そしてわたしたちの経験に現れることのできるすべての事物にかんして、必然的に客観的なものである。

わたしたちは、「すべての事物が時間のうちにある」と語ることはできない。事物一般という概念のもとでは、事物を直観するすべての方法が無視されるからである。

しかしこの直観こそが、時間が対象の像に含まれるためのほんらいの条件なのである。だから［「すべての事物」という主語の］概念に条件をつけ加えて、「現象としての（すなわち感覚能力による直観の対象としての）すべての事物は、時間のうちにある」と語った場合には、この原則は客観的に正しいものであり、アプリオリな普遍性をそなえているのである。

064 時間の「実在性」と「観念性」

わたしたちの主張が示しているのは、時間が経験的な実在性をそなえているということである。すなわちいずれかの時点で、わたしたちの感覚能力に与えられるかもしれないすべての対象にたいして、［時間が］客観的な妥当性をそなえているということである。わたしたちの直観はつねに感覚的なものであるから、時間の条件にしたがわない対象が、わたしたちの経験に与えられることは決してないのである。しかしわたしたちは、時間にはいかなる絶対的な実在性もそなわっていないことを主張する。時間にこのような実在性がそなわっていると考えることは、人間の感覚能力による直観の形式をまったく顧慮することなく、時間を事物の条件または特性として、事物にそのまま結びつけることになるからである。

物自体にそなわる特性が、わたしたちの感覚能力によってわたしたちに与えられることはない。時間の超越論的な観念性とは、このことを意味するのである。時間にはこの超越論的な観念性がそなわっているため、感覚能力による直観の主観的な条件を無視するならば、時間はまったくの無となるのである。時間を（対象とわたしたちの直観の関係なしに）さまざまな対象そのものに自存するものとして帰属させることも、内在的なものとして帰属させることもできないのである。

しかし空間の場合と同じように時間には、観念性がそなわるということは、そこに感覚の錯誤があることだと考えてはならない。感覚の錯誤の場合には、感覚にかかわる述語を伴って語られる現象が、客観的な実在性をそなえたものと想定されているのである。しかしこの［時間の］場合には、このような客観的な実在性はまったく存在していないのである。ただし時間にも経験的な実在性は存在するとみなされているのであり、その場合には対象そのものはたんなる現象と見なされることになる。これについては第一章の前記の注意を参照されたい(35)。

第七項　説明

065　時間の現実性の意味

時間に経験的な実在性を認めながら、絶対的で超越論的な実在性を認めないという この理論にたいしては、[36]さまざまな識者から異口同音の異議を聞かされることになった。そのためにわたしは、このような問題を考察することに慣れていないすべての読者も、当然ながら同じような異議を感じておられるに違いないと考える。この異議ではまず、変化は現実的なものであることを指摘する（外部のすべての現象と、それらの変化を否定しようと望んだところで、わたしたちが心で思い描く像そのものが変化するのであり、変化は現実的なものであることはこれから証明される）。次に、変化は時間の中でしか起こらないことを指摘する。そして結論として、時間は現実的なものであると証明するのである。

しかしこの異議に答えるのはたやすいことだ。わたしはこの議論の全体に同意する。

時間はたしかに現実的なものである。すなわち内的な直観の現実的な形式なのである［という意味で現実的なものである］。だから時間は、内的な経験については、主観的な実在性をそなえている。すなわちわたしは時間についての像と、わたしが時間のうちで［生きていて、］さまざまに規定されているという像を現実的にもっている。だから時間は客体として現実的なのではなく、わたし自身を客体として心に像を思い描く方法にかんして、現実的なのである。

もしもわたし自身が、あるいはほかの存在者が、感性を制約するこうした条件なしで、みずからを直観できると想定してみよう。その場合には、わたしたちがいま変化という概念で定めている規定は、一つの〈認識〉を与えるはずであり、この認識においては時間の像も、時間にともなう変化の像もまったく現れないだろう。だから時間の経験的な実在性というものは、［そのような感性を制約する条件をもたない存在者のための条件ではなく、感性的な制約を受けた人間である］わたしたちのすべての経験を可能にするための条件なのである。しかしすでに述べたように、時間に絶対的な実在性を認めることはできない。時間はわたしたちの内的な直観の形式にほかならないのである（注）。時間からわたしたちの感性のこの特別な条件を除去したとすると、時間の概念もまた消滅するのである。時間は対象そのものに依存するものではなく、対象を直観する主体だけに結びついているのである。

065n　時間の規定について

(注)わたしはたしかに「わたしの思い描いた像は継起する」と語ることができる。しかしこれが意味するのは、わたしがこうしたさまざまな像を、時間の継起にしたがうものとして、すなわち内的な感覚能力の形式にしたがって、意識するということにすぎない。だから時間は〈何ものか〉自体ではないし、事物に客観的に結びついた規定でもないのである。

066　空間と時間の現実性と観念論

しかしこのような異議が異口同音に語られる理由は、しかも空間の観念性というわたしの主張に、はっきりと理解できるような異議を唱えることができない人々からこうした異議が語られる理由は、次のようなものである。この異議を唱える人々も、空間に絶対的な実在性があることを、必然的なものとして証明することはできないだろう。このように主張するならば、その人々は、観念論の側からの異議に直面するからであり、観念論の側では、外的な対象の現実性は、厳密な意味では証明できないと主張する［のであり、こうした人々はこの異議に反論することができない］。これにたいして人間の内的な感覚能力の対象（すなわちわたし自身とわたしの内的な状態）が現実性をそなえていることは、意識によって直接に確認できるのである。［観念論者が主張するように］外的な対象はたんなる仮象かもしれないが、内的な感覚能力の対象は（こうした異議を唱える人々によると）否定することのできない現実的なものである。

しかしこうした異議を唱える人々は、このどちらも心の像として現実性をそなえていることを否定できないと主張しながら、そのどちらも現象にすぎないことを見落としていたのである。現象というものはつねに二つの側面をそなえたものである。まず［現象の］一つの側面では、客体そのものが考察される（このときには、客体がどのようにして直観されるかという問題は無視されるのであり、そのために客体の特性についてはいつまでも疑問が残るのである）。第二の側面では、この対象を直観するための形式が考察されるのであり、この直観の形式は客体そのもののうちにではなく、客体が現れる主観のうちに求める必要があるものである。それにもかかわらずこの直観の形式は対象の現象に現実的に、しかも必然的に帰属するのである。

067　空間と時間の絶対的な実在性を主張する人々の誤謬

このように空間と時間は、認識が生まれるための二つの源泉であり、この源泉から異なった種類の総合認識をアプリオリに導きだすことができるのである。空間とそのさまざまな関係の認識については、純粋数学が傑出した実例となっている。時間と空間の二つをあわせて考えると、これらは感覚能力によるすべての直観の純粋な形式であり、これによってアプリオリな総合命題が可能となるのである。

しかしこのアプリオリな認識の源泉は、そのことによって（すなわちどちらも感性のたんなる条件であるということによって）、みずからの限界を定めるのである。［その限界とは］時間と空間は、物自体を描きだすのではなく、現象としての対象だけを考察するということである。時間と空間が妥当する領域は現象にかぎられるのであり、この領域から外に出た場合には、時間と空間を客観的に利用することはできない。

いずれにしても空間と時間にこのような［経験的な］実在性がそなわっているにすぎないということは、経験的な認識の確実性を脅かすようなものではない。空間と時間という形式が物自体と結びつくものであるか、人間が物を直観する際に必然的に利用する形式であるかどうかを問わず、わたしたちにとって経験的な認識は確実なものだからである。

これにたいして空間と時間に絶対的な実在性があると主張しようとする人々は、たとえ空間と時間という形式を［物とは独立して］自存するものと考えようとも、［物自体に］内在的に結びつくものと想定しようとも、経験の原理と矛盾せざるをえなくなるのである。というのは、もしも空間と時間が自存するものだと考えるならば（これは一般に数学のような自然科学者の主張である）、永遠で無限な二つの不可解なもの（空間と時間）が独立して存在すると想定せざるをえなくなるのである。するとこの空間と時間というものは、すべての現実的なものをみずからのうちに包括するために存在し、しかもみずからは現実的なものではないということになってしまう。これにたいして、もしも空間と時間について［どちらも物自体に結びつくという］第二の説を採用した場合には（形而上学的な自然科学者のうちには、その説に賛同する人々がいる）、空間と時間は経験から抽象されたために、混乱して思い浮べられた現象の諸関係とみなされることになる。そしてこの関係は、空間の場合には併存的であり、時間の場合には継起的なものとされる。この場合には、現実に（たとえば空間の中に）存在する事物にたいして、アプリオリな数学の理論が妥当することを否定しなければならなくなり、少なくともこうした理論が必然的に確実なものであることを否定しなければならない。そしてこの必然的な確実性はアポステリオリに生まれるものではないのだから、この主張によると空間と時間というアプリオリな概念は、想像力の産物にすぎないということになる。そもそも想像力の源泉は、現実には経験のうちに求めねばならない。想像力は経験を抽象した諸関係から、この［空間と時間の］ようなものを作りだしたことになる。空間と時間はたしかにこうした関係のうちの一般的なものを含んではいるが、自然によって定められた制約なしでは、これらは成立しえないのである。

最初の［自存するという］説を採用する人々は、現象の領域に数学的な主張を適用できるという意味では有利な立場にある。しかし知性がこの現象という領域から外に出ようとすると、この条件のためにきわめて困惑した立場に陥るのである。第二の［物自体と結びついたものであるという］説を採用する人々は、知性が現象の場から外に出ようとする際には有利な立場にある。対象を現象としてではなく、知性との関係で判断しようとする際に、空間と時間の概念が妨げになることがないのである。しかしこの説を採用する人々には、数学的なアプリオリの認識が可能であることの根拠を示すことは諦めざるをえないし（そもそもこれらの人々は、真実で客観的に妥当するアプリオリな直観というものが存在することを認めないのである）、経験的な命題と数学的な主張を必然的に一致させることもできないのである。ところがわたしたちの理論は、感性のこの二つの根源的な形式の真実の特質を示すものであり、前記の二つの難問はどちらも解決されているのである。

068　超越論的な感性に含まれる要素は空間と時間だけである

最後に指摘しておくべきことは、この超越論的な感性論は、明らかに空間と時間という二つの要素しか含むことはできない［のであり、運動や変化の概念など、経験に属するその他の要素を含むことはできない」ということである。そのことは、感性に属するその他のすべての概念が、運動の概念のように空間と時間という二つの要素を結合させたものを含めて、何か経験的なものを前提にしているからである。運動の概念も、何か運動するものについての知覚を想定している。しかし空間の中には、空間そのものを考察するかぎり、何も運動するものは存在しない。だから運動というものは、空間の中で、経験によってのみ発見されるべきものであり、経験的に与えられなければならない。そのために超越論的な感性論においては、変化の概念をアプリオリに与えられたもののうちに含めることはできないのである。時間そのものは変化しないものであり、時間のうちにある何かが変化するのである。だから変化の概念は、ある存在するものが知覚されること、そしてこの存在についての規定が時間的に継起することが必要であり、したがって経験が必要となるのである。

第八項　超越論的な感性論についての一般的な注

〔一〕

069　感覚的な認識の基本特性

わたしたちの理論について誤解を防ぐためには、まず第一に、感覚能力による認識一般の基本的な特性について、わたしたちの見解をできるかぎり明確に示しておく必要がある。

070　空間と時間という条件の要約——物自体の認識の否定

わたしたちが主張したいと考えているのは、次のようなことである。まず、わたしたちのすべての直観は、現象についてわたしたちが心に描いた像にほかならない。わたしたちが直観する事物は［現象であって］、わたしたちがそのように直観している事物そのものではない。わたしたちが直観する事物のあいだの関係は、わたしたちにはそのようなものとして現れるとしても、［事物において存在している］関係そのものではない。第二に、わたしたちの主観を除去してしまうか、感覚能力一般の主観的な特質そのものだけでも除去してしまうならば、［事物の］すべての特性は消滅してしまうだろうし、空間と時間のうちに存在する対象の相互的な関係も、さらには空間と時間そのものも消滅してしまうだろう。これらの特性や関係は現象であり、それ自体として存在するものではなく、わたしたちのうちに存在することができるだけのものだからである。

対象そのものがどのようなものであるか、またそれがわたしたちの感性のこれらのすべての受容性と切り離された場合にどのような状態でありうるかについては、わたしたちはまったく知るところがない。わたしたちが知っているのは、わたしたちにそなわった対象を知覚する方法だけであり、これはわたしたち人間に固有のものである。これがすべての人間に共通するものだとしても、必ずしもすべての存在者に共通のものだとはかぎらない。ここで考察しているのは、このわたしたち人間に固有の知覚方法だけなのである。

空間と時間は、わたしたちが［対象を］知覚するためのこうした方法の純粋な〈形式〉であり、感覚一般がその〈素材〉である。わたしたちは空間と時間だけはアプリオリに、すなわちすべての現実の知覚に先立って認識することができるのであり、そのために空間と時間は純粋な直観と呼ばれる。しかし感覚一般はわたしたちの認識のうちに存在するものであり、アポステリオリな認識、すなわち経験的な直観と呼ばれるものを作りだす。

空間と時間は、わたしたちの感覚がどのような種類のものであるとしても、わたしたちの感性に絶対的かつ必然的に付属するものである。わたしたちの感覚はさまざまな種類のものでありうる。たとえわたしたちがみずからの直観を最高度に明晰なものにすることができたとしても、対象そのものの特性［の認識］に一歩でも近づくことにはならないだろう。というのも、いかなる場合にもわたしたちが完璧に認識できるのは、わたしたちの直観の方法であり、わたしたちの感性だけだからであり、しかも主観にもともと結びついた空間と時間という条件のもとでしか、これを認識できないのである。対象そのものがどのようなものでありうるかは、わたしたちに与えられて

60

いる［対象の］現象の認識だけをどれほど明晰なものにしたとしても、決して知られることはないだろう。

071　概念と像の違い

しかしそれだからといって、［ライプニッツのように］人間のすべての感性は、事物を混乱した形で思い描くだけだとか、この像には物自体に属するものが含まれてはいるが、さまざまな特徴や部分的な像が混乱したままに積み重なっていて、わたしたちはこれらを意識的に分離して認識できないとか、主張してはなるまい。このような主張は、感性や現象という概念を偽造するものであり、これでは感性や現象についてのすべての理論が、無益で空虚なものとなってしまうのである。

判明な像と判明でない像についての［ライプニッツの］区別はたんに論理的な区別であって、(37)像の内容にかかわるものではない。［そのことを法という概念で調べてみよう。］健全な理性［＝悟性］が利用する法という概念には、この概念から出発して展開できる精緻な思索の内容が含まれるのはたしかであるが、法の概念が常識的かつ実践的に利用される場合には、このような多様な像がこの［法という］思想のうちで意識されているわけではない。しかしだからといって、常識的な概念は感覚的なものにすぎないとか、たんなる現象を含むにすぎないと主張することはできない。法は決して現象ではありえないのである。法の概念は理性に含まれるものであり、人間の行動の（道徳的な）特性を示すものだからである（そしてこの道徳的な特性は人間の行為そのものに属するのである）[38]。

これにたいして直観に示された物体の像には、対象そのものに属しうるようなものは何も含まれていない。物体の像は、あるものの現象にすぎず、わたしたちがあるものから触発されるしかたにすぎないのである。人間の認識能力のこのような受容性が感性と呼ばれるものであり、たとえ現象をどれほど徹底的に吟味してみたとしても、対象そのものの認識とは、天と地ほどに異なるものである。

072 ライプニッツ哲学の批判

［このような主張を行う］ライプニッツ／ヴォルフ派の哲学はしたがって、人間の認

識の本性と起源についての研究にたいして、きわめて不当な観点を示すものである。それはこの哲学では、感性と知的な働き《インテレクトゥエレ》の違いを、たんなる論理的な区別とみなしたからである。しかしこの感性と知性の違いは超越論的な区別であって、［知性は］判明に認識し、［感性は］判明でなく認識するという違いではなく、認識の起源と内容についての違いなのである。この学派の哲学では、人間の感性は物自体の特性を判明でなく認識すると考えるが、これは間違いであり、人間は物自体はまったく認識しないのである。だからわたしたちにそなわっているこの主観的な特性を取りのぞいてしまうと、心にその像を思い描いた客体も、感覚能力による直観によってこの客体に付随するものと想定された客体の特性も、どこにも存在しなくなるのであり、そもそも存在しえないのである。この主観的な特性こそが、現象として、客体の形式を規定しているからである。

073　ロック批判

わたしたちはしばしば現象について、現象の直観に本質的に属していて、人間のすべての感覚能力一般に妥当する現象〔ロックの第一性質〕と、この直観にたんに偶然的に付随していて、感性一般と関連するのではなく、〔観察する者の〕あれこれの感覚能力の特定の位置や〔観察する〕器官だけに妥当するもの〔ロックの第二性質〕とを区別することが多い。第一の種類の認識は、対象自体が心に思い描かれる認識であり、第二の種類の認識は、対象の現象だけを認識するものと考えるのである。しかしこの区別は経験的な区別にすぎない。

この区別に固執して（よくみられることだが）、経験的な直観をたんなる現象とみなすことを忘れると（ほんらいはたんなる現象とみなすべきなのだが）、この現象のうちには物自体に属するものは何もないことを忘れてしまうことになり、こうして超越論的な区別はまったく失われてしまう。そしてわたしたちは自分が物自体を認識していると信じ込むのだが、実際にはわたしたちが（感覚的な世界の）どのような場所で、対象についてもっとも深いところまで探求したところで、どうしても現象しか認識できないのである。

わたしたちは虹を眺めて、これは天気雨の際にみられる一つの現象にすぎないが、〔虹を作りだす〕この雨のほうは〔現象ではなく〕物自体であると語ることがある。たしかにわたしたちが物自体という概念をたんに物理的に理解することはできる。そして事物は一般的な経験においては［観察する者の］さまざまな状態におうじて異なったものとして感覚されるものも、直観においては事物のあるがままに規定されていて、ほかの形で規定されることはないと主張するならば、雨を物自体と考えても［物理的な観察という意味では］正しいのである。しかしわたしたちが経験的なもの一般について、それがさまざまな人間の感覚能力と一致するかどうかとは別に、それが対象そのものを示すものかどうかを問題とするなら（しかし雨滴は対象そのものではないのである。雨滴はすでに現象であり、経験的な客体だからである）、これは対象とその像との関係の問題であり、超越論的な問題なのである。ところが超越論的な観点からみた場合には、雨滴はたんなる現象であるだけでなく、その丸い形も、それが落下する空間も、それ自体で存在するものではなく、わたしたちの感覚能力において直観された像の根本的な状態であるか、それを修正したものにほかならない。そしてその超越論的な客体は、わたしたちには相変わらず知られないものである(39)。

074　感性論の役割

わたしたちの超越論的な感性論に求められる第二の重要な条件は、それがたんにもっともらしい仮説として、一部の人々から高い評価をえるのではなく、学問の道具《オルガノン》として役立つ理論にふさわしいものとして、確実で、疑問の余地のないものとなることである(40)。この理論には、こうした確実性がそなわっていることを明確に示すために、ここで一つの実例をあげたい。この実例はわたしたちの理論の妥当性をはっきりとさせ、第三節で述べたことをさらに明確に示すためにも役立つはずである。

075　アプリオリで必然的な総合命題のための条件

ここで空間と時間がそれ自体として客観的であり、物自体を可能にする条件だと想定してみよう。そうするとまず確認できるのは、この二つの想定に基づいて、多数のアプリオリで必然的な総合命題が作られるということである。とくに空間についてはは多くの命題が作られるので、ここでは空間を例にとって、「アプリオリで必然的な総合命題が作られるために必要な条件を、幾何学について］考察することにしたい。

幾何学の命題はアプリオリな総合命題であり、必然的な確実性をそなえたものとして認識されている。そこでわたしが問いたいのは、［このように想定した場合には］諸君はこうした［アプリオリで総合的な］命題を、いったいどこから取りだしてくるのか？　わたしたちの知性は何に依拠すれば、このような絶対に必然的で普遍的に妥当する真理に到達することができるのか？　ということである。

そのための道は二つしかない――概念によるか、直観によるかである。これらの二つのものはいずれも、アプリオリに与えられているか、それともアポステリオリに与えられているかのどちらかである。ところでアポステリオリに与えられた概念、すなわち経験的な概念から、あるいはこの概念が土台として依拠している経験的な直観から作りだすことのできる総合命題であれば、それはたんに経験に基づいた経験的な総合命題にすぎない。そして［こうした経験的な］総合命題では、必然性や絶対的な普遍性を含むことはできないのである。しかし幾何学のすべての命題の特徴はまさに、こうした必然性と絶対的な普遍性をそなえていることにある。

だから、このような必然的で絶対的に普遍的な命題に到達するためには、第一の道、すなわちアプリオリに与えられたものに依拠するしかないのであり、たんなる「アプリオリに与えられた」概念によるか、アプリオリな直観によるしかないのであり、これらが唯一の方法なのである。しかしたんなる「アプリオリな」概念からは、分析的な命題にしか到達できず、総合命題を作りだすことができないことは、自明のことである。

たとえば次の命題を考えてみよう。「二本の直線だけでは、閉じた空間を作りだすことはできない。だからこれだけで図形を作りだすことはできない」。そして直線という概念と二という数の概念だけから、この命題を作りだすことを試みていただきたい。あるいは次の命題「三本の直線から一つの図形を作りだすことができる」を考えてみよう。そして同じように直線という概念と三という数の概念だけから、この命題を作りだすことを試みていただきたい。どれほど試みても空しいのであって、幾何学がつねに行っているように、直観の助けを借りなければならないのである「これで直観なしの概念からはアプリオリな総合命題を作りだすことができないのは明らかになった」。

次に「直観からアプリオリな総合命題を作りだすことができるかどうかを調べるために」わたしたちに対象が与えられる直観について検討してみよう。この直観はどのような種類のものだろうか。これは純粋でアプリオリな直観なのだろうか、それとも経験的な直観なのだろうか？　これが経験的な直観であるとすれば、この直観からは、普遍的に妥当する命題も必然的な命題も取りだすことはできない。経験はこのようなものを与えることは決してできないからである。そこで［こうしたアプリオリな総合命題を作りだすためには］対象をアプリオリに直観し、これに総合命題を根拠づける必要があるだろう。

そもそもわたしたちにアプリオリに直観する能力がなかったとしたら、どうなるだろうか。この主観的な条件が、その形式からして同時にアプリオリな普遍的な条件となり、この条件のもとでのみ、この（外的な）直観そのものの対象である客体の存在が可能となるのでないとしたら、どうなるだろうか。この対象（三角形）が、わたしたちの主観とは関係なく、それ自体で存在する何かだとしたら、どうなるだろうか。［これらの仮定がすべて否定されないとすれば］わたしたちは、この三角形を構成するために自分の主観的な条件のうちに必然的にそなわっているものが、そのまま三角形それ自体にも必然的にそなわっているものであることを、どのようにして断言できるのだろうか？　というのも［三角形を直観する際に］わたしたちは（三本の直線という）

概念に何も新しいもの（図形）をつけ加えることはできないであろうからであり、とするとこの新しいもの（図形）は必然的に対象のうちにみいだすしかないものである。これ［三角形という図形］は、わたしたちの認識によって与えられたものではなく、認識する前から与えられていたものなのである。 66

空間が（そして時間が）わたしたちの直観のたんなる形式であり、これにアプリオリな条件が含まれていて、この条件のもとにおいてこそ、事物がわたしたちの外部にある対象となりうるのでないとしたら（こうした外部の対象は、わたしたちの主観的な条件なしでは無にひとしいものなのである）、わたしたちは外部の客体について、アプリオリな総合認識を作りだすことは決してできなかっただろう。

だから次のことは、たんに可能であるとか、ありそうだとかいうものではなく、疑いの余地のないほどに確実なことなのである。すなわち空間と時間は、すべての経験（外的な経験と内的な経験）が成立するために必要な条件である。ただしそれはわたしたちが直観するための主観的な条件にすぎないのであって、それゆえにこのような条件のもとにあるすべての対象は、たんに現象として現れるのであり、そのような条件のもとで与えられるものだから、物自体ではないのである。わたしたちはこうした事物の現象の形式については多くのことをアプリオリに語ることができるものの、こうした現象の根底に存在するはずの物自体については、ごくわずかなことすら語りえないのである。

〔二〕

076 知的直観と自己意識について

外的な感覚能力が知覚したものと、内的な感覚能力が知覚したものが、どちらも〈観念的なもの〉であること、そして感覚能力が知覚した客体は、たんなる〈現象〉にすぎない観念的なものであることを主張するわたしたちの理論を確実なものとするためには、次の指摘が役立つだろう。わたしたちの認識において〈直観〉とみなされるすべてのものには（これには快と不快の感情や意志は含まれない。これらは認識ではないからである）、［対象との］関係しか含まれず、この関係とは、直観における場所（広がり）、場所の変化（運動）、そしてこうした変化を規定する法則（運動力）なのである。

そしてわたしたちは、場所において存在しているものが何であるのか、さらに事物そのもののうちで場所の変化のほかにどのような作用が働いているかは、直観によって認識することはできない。

さて、たんなる関係だけによって、物自体を認識することはできない。人間にはその外的な感覚能力を通じて、関係の像が与えられるにすぎないのだから、外的な感覚能力がこの関係についてもつ像には、［認識する］主観とその対象との関係しか含まれないこと、そこに客体そのものに内在する内的なものが含まれないことは確実であると判断できるだろう。そしてこのことは、［外的な対象の直観だけでなく］内的な直観についてもあてはまることである。内的な直観のほんらいの素材となるのは、外的な感覚能力によって心のうちに描かれた像なのであり、これがわたしたちの心を占めているのである。それだけではない。わたしたちがこうした像を思い描くのは時間のうちにおいてであるが、時間は経験においては、こうした像についての意識よりも前に存在しているものである。わたしたちはこのような像を心のうちで思い描くための形式的な条件として、時間を土台にしているのである。この時間にはすでに、継起的な存在という関係と、同時的な存在という関係と、継起的に存在するものと同時的に存在するもの〈持続的なもの〉という関係が含まれているのである。

ところで心の中で思い描かれる像であって、何ものかを思考するすべての行為に先立って存在しうるものとしては、〈直観〉しか考えられないし、この像のうちには関係しか含まれていないのだとすれば、それは直観の〈形式〉であるとしか考えられない。この直観の形式は、何かが心のうちに持ち込まれないかぎり、何ものも思い描くことがない。ということは、心がみずからの活動によって、すなわち何ものかの像が心に入ってきて心が触発される方法を示すのが、この直観の形式であり、これはその形式からみて、内的な感覚能力が触発される方法である。

ある感覚能力において思い描かれたすべてのものはつねに現象である。[ここで内的な感覚能力の主体である〈わたし〉に関して困難な問題が発生する。というのは]内的な感覚能力［というものの存在を許容した場合には、内的な感覚能力の対象である〈わたし〉という主観はたんなる現象にすぎないものとなってしまうのであるから、内的な感覚能力」というものは、まったく存在しえないものと考えるか、それとも内的な感覚能力の対象である主観は［じつは現象ではないものであるが］、内的な感覚能力にとってはたんに現象としてしか思い描かれることができないと考えるかのどちらかである。みずからについて判断するとき、つまり主観がたんなる自発的な活動として、すなわち知的直観としてみずからを直観するときには、このようなことは起こらないのである。(41)

ここですべての困難を生んでいるのは、主観がどのようにして自己を内的に直観することができるかという問題であるが、この難問はどのような理論にも内在しているものである。この自己についての意識（自己統合の意識［＝統覚］）は、〈わたし〉についての単純な像である。この像のみによって、主観におけるすべての多様なものが自発的な活動として与えられるのであり、そのとき、この内的な直観は〈知的な直観〉となるのである。しかし人間が自己についてのこのような意識をもつためには、前もって主観にたいして多様なものの内的な知覚が与えられている必要がある。そして心のうちでの自発的な活動なしで、このような多様なものが与えられる方法は、［知的直観と］区別して、感性と呼ばねばならないのである。

この自己を意識する能力は、わたしたちの心のうちに潜んでいるものを探索する（これを〈把握する〉と呼ぶ）はずであるから、この能力は心を触発しなければならない。そしてこのような方法によらないかぎり、みずからを直観することはできないのである。しかしこの直観の形式は、あらかじめ心のうちに土台として存在しているものであって、多様なものが心のうちで一緒に存在するための方法を、時間の像によって規定するのである。自己を意識する能力はこのようにしてみずからを直観するのだが、その際にみずからの像を自発的に直接に思い描くのではなく、みずからがその内部から触発される方法にしたがうのである。だからみずからを、その〈あるがままに〉ではなく、〈みずからに現れるがままに〉直観するのである。

〔三〕

077 現象と仮象の違い

わたしはこれまで、外的な客体を直観する場合も、心がみずからを直観する場合も、どちらも空間と時間において、わたしたちの感覚能力が対象に触発されるとおりに、すなわち現象するとおりに、心のうちに像を思い描くのだと指摘してきた。しかしこれは、こうした対象がたんなる仮象にすぎないという意味ではない。現象において客体はつねに、わたしたちがその客体にそなわっていると考えている特性とともに、現実に与えられたものとみなされている。ところがこうした特性は、与えられた対象とのあいだで主観がどのような関係を結ぶかという、主観の直観方法によって規定されているのである。だから主観そのものが与えた現象としての対象と、客体そのものとしての対象とは区別されるのである。

だからわたしが「物体や魂が存在するためには、空間と時間という性質が必要であり、わたしはこの条件にしたがって物体や魂を存在させるのであるが、この空間と時間という特質は客体そのもののうちに存在するのではなく、わたしがこれらのものを直観する形式のうちに存在する」と主張したとしても、それは「物体はわたしの外部に存在するようにみえるだけ［の仮象］である」とか、「わたしの魂はわたしの自己意識の内部だけに存在するようにみえるだけ［の仮象］である」と言いたいわけではない。もしも現象とみなすべきものを、たんなる仮象にしてしまったならば、それはわたしの過誤であろう（注）。

しかしわたしたちの感覚能力による直観はすべて観念的なものであるというわたしたちの原理にしたがうかぎり、このようなことは起きないのである。むしろわたしたたちが心に像を思い描く形式に［すなわち空間と時間に］、客観的な現実性がそなわっていると考えた場合には、このようなことが起こるのは避けられないことだろう。この場合には、すべてのものが仮象に変わってしまうことを避けることはできない。というのは空間と時間が物自体の性質としてしか成立しえないと考えると、不合理な事態に巻き込まれてしまうのである。これがどのような不合理であるか、じっくりと考えてみよう。［このように考えると、空間と時間という］二つの無限なものがあることになるが、これは実体ではないし、実体に現実に内在するものでもないが、それでも存在しているものである。そしてこれらはすべての事物が存在するために必要な条件であり、そしてすべての存在する事物を取り去った後にも、存在しつづけることになってしまう。そのようなことを主張するならば、物体をたんなる仮象に貶《おとし》めたバークリを非難することはできなくなるだろう(42)。そうなればわたしたちの存在そのものが、時間という不可解なものが自存しながら実在するしかたに依存することになり、わたしたちも時間も、どちらもたんなる仮象となってしまうだろう。これはこれまでいかなる人もその責任をひきうけようとしなかったような不合理である。

077n　仮象の発生

（注）現象は、わたしたちの感覚能力との関係からすれば、客体そのものの述語とみなすことができる。たとえば「薔薇は赤い」とか「薔薇は匂う」のようにである。しかし仮象を、対象の述語とすることは決してできないのである。仮象とは、わたしたちの感覚能力だけにかかわる対象の述語や、一般に主観だけにかかわる対象の述語を、客体そのものについての述語であるとみなすことになるからである。たとえばかつては、土星には二本の〈柄《え》〉がついていると語られていた。客体そのものに付随するものではなく、つねに客体と主体との関係において語られ、客体の像から分離することができないものは、現象である。だから空間と時間の述語が、感覚能力の対象につけられるのは正当なことであり、「現象としての土星に二本の〈柄〉があると語っても」ここには仮象は存在しない。しかしそうではなく、わたしが薔薇そのものに赤さがあると語り、土星そのものに二本の〈柄〉があると語る場合、あるいはすべての外的な対象には〈広がり〉そのものがあると語る場合には、すなわちこれらの対象と主観との関係を規定されたものとして検討せず、わたしの判断を、この対象と主観との関係だ

けに制限しない場合に、初めて仮象が発生するのである。

〔四〕

078 神は空間と時間のうちに存在するか

自然神学において考えられている対象［神］は、わたしたちの直観の対象とならないばかりではなく、この対象そのものが人間の感覚能力による直観の対象とはなりえないものである。(43) このためこの［神という］対象についてのすべての直観から、空間と時間という条件を慎重に排除されてきたのである（というのは、対象を認識するためのすべての手段は直観でなければならないからであり、思考を認識の手段とすることはできないからである。思考とはつねに制約を加える性質のものだからだ）。しかしどのような権利をもって、このようなことをなしうるのだろうか。自然神学では空間と時間を、前もって物自体の形式としてきたのであり、しかもこれは事物の存在のアプリオリな条件であり、事物そのものを除去した後にも、残っていなければならないものだったはずである。しかし空間と時間がすべての存在一般の条件であるならば、それは神の存在の条件でもなければならないだろう［これは神が時間と空間のうちに存在することを意味するのである］。

だから空間と時間をすべての事物の客観的な形式にすることを避けるためには、わたしたちの外的な［事物の］直観と内的な直観の方法のための主観的な形式にするほかに、方法は残されていないのである。ところでこうした直観の方法は、根源的な直観ではないのだから、感覚的な直観と呼ばねばならない。根源的な直観とは、直観することによって、直観の客体そのものが存在するようになる直観である（このような直観は、わたしたちの知るかぎりでは、根源的存在者［である神］だけに認めることができるものである）。しかし感覚的な直観は、客体の存在に依存するものであり、主観が像を思い浮かべる能力が、客体によって触発されたときだけに可能となるものである。

079　派生的な直観——天使が直観するとき

しかし空間と時間という直観の方法を人間の感性だけに限定する必要はない。人間ではないすべての有限な思考する存在者も、人間と同じようにこの［空間と時間という］直観方法を利用せざるをえないのである（もっともわたしたちにはこれについて決定的な見解を表明することはできないのだが）。それでもこの［空間と時間という］直観の方法が［人間だけに限られないという意味で］普遍的に妥当するものであるとしても、それが感性に基づいたものであることに変わりはない。このような直観は、結局のところは派生的な直観《イントゥイトゥス・デリウアティウス》であって、根源的な直観《イントゥイトゥス・オリギナリウス》ではないから、すなわち知的直観ではないからである。これまで述べてきた理由から知的直観は根源的な存在者だけに属するものであり、その存在からみても直観の方法からみても、［他なる存在に］依存する［人間のような］存在者に属するものではないのである（こうした存在者の直観は、与えられた客体との関係において、その存在者の存在を規定するのである）。ただしいずれにしてもこの注記は、わたしたちの感性論について説明するためのものであり、その証明根拠とみなしてはならない。

超越論的な感性論の結語

080 超越論的な哲学の課題のための第一条件

この超越論的な感性の理論においてわたしたちは、超越論的な哲学の普遍的な課題、すなわち「アプリオリな総合認識はどのようにして可能になるか」という問いを解決するために必要な一つの条件を示すことができた。それは、空間と時間というアプリオリで純粋な直観［が人間にそなわっていること］である。アプリオリな判断において、わたしたちに与えられた概念の外にでようとするときにこの空間と時間のうちで出会うのは、概念のうちには与えられていないが、その概念に対応する直観のうちにアプリオリに発見されて、この概念と総合的に結びつけられうるものである。しかしこのようなアプリオリな判断は、ここで示した理由から、感覚能力に与えられた対象を超えることはできず、たんに可能的な経験の客体にしか妥当しないのである。

序文（第二版）

V01　学としての確実な道の発見

理性の営みに属する認識についての研究が、学としての確実な道を歩んでいるかどうかは、その成果を調べることで、すぐに判断することができるものである。さまざまな準備や用意を整えた後に、いざ目的を実現しようとする瞬間になって行き詰まってしまったり、目的を実現するためにしばしば後戻りして別の道をたどらねばならなくなったり、共通の目的を実現すべき方法について同じ仕事に携わっている人々の意見の一致がえられなかったりするような場合には、こうした研究が学としての確実な道を進んではおらず、まだ暗中模索の状態にあることを確信できる。だから可能であれば、このような確実な道を発見しただけでも、理性にたいする大きな功績となるのである。たとえそのことによって、これまで深く考えることもなしに、目的として定められていた多くのことが、無用なものとして捨て去られねばならなくなったとしてもである。

V02　論理学の実例

ところで論理学が古代からこのような確実な道を歩んできたことは、論理学がアリストテレスの頃からというもの、後戻りする必要がなかったという事実からも明らかである。たしかに、不要と思われるような微細な考察を取り去るとか、すでに語られたことをさらに明確に規定する営みは行われてきたが、これらは改善と言えるようなものではなく、論理学を強固なものにするためと言うよりも、洗練させるために必要なものにすぎない。

論理学についてとくに注目されるのは、論理学が現代にいたるまで一歩も進歩できず、どのような観点からみても、この学が完成され、閉じてしまったかのようにみえるということである。たしかに近代にいたって、この学を拡張しようとする試みは行われてきた。たとえば想像力や機知など、さまざまな認識力をとりあげた心理学的な章を論理学に追加しようとしたり、観念論や懐疑論などとのかかわりで認識の起源を論じたり、対象の違いに応じて異なる確実性の起源について論じる形而上学的な章を追加しようとしたり、人間の偏見について、さらに偏見の発生する原因と対策を論じた人間学的な章を追加しようと試みられてきたものである。しかしこうした試みは、論理学に固有の本性を理解していないことによって生まれたものにすぎない。さまざまな学問に、たがいの境界を越えさせようと試みることは、学問を拡張するものではなく、歪めるものにすぎない。論理学の境界はすでにきわめて厳密に定められているのであって、論理学とはすべての思考の形式的な規則を詳細に提示し、厳密に証明する学問なのである（こうした思考がアプリオリな思考であるか、経験的な思考であるかは問わないし、どのような場所で生まれた思考であるか、どのような客体についての思考であるかも問わない。そしてわたしたちの心の中で偶然に生まれた「思い違いなどの」障害に直面するか、「錯覚など、わたしたちの本性につきものの」自然の障害に直面するかも問わないのである）。

V03　予備学としての論理学の限界

論理学がこのように大きな成功を収めたのも、この学問の境界が明確に定められていたためである。この境界があることによって論理学は認識のすべての客体と、客体における差異を無視する権利があるだけではなく、それを無視する義務があるのである。そして知性は論理学においては、知性みずからと、その形式だけを問題とする。しかし理性にとっては、理性自身だけではなく、客体も考察しなければならないために、正しい道を進むのがはるかに困難になるのは、ごく自然なことだった。だから論理学は予備学として、学のいわば〈入り口〉にすぎないのである。知識が問われるところでは、その判断のために論理学が前提とされるが、知識を獲得するための手段は、ほんらいの意味で、客観的に〈学〉と呼ばれているものに求めねばならないのである。

V04　理性の二つの認識

理性はこのような〈学〉に含まれているものであるから、これらの学にはアプリオ

リに認識できるものが存在しなければならない。そしてこうした理性による認識は、
二つの方法で対象と関連づけられる。すなわち対象とその概念を規定するだけにとど X
まるか（そのときには対象は外部から与えられねばならない）、あるいは対象をほんとう
に作りだすかのどちらかである。第一の方法は、理性の理論的な認識と呼ばれるので
あり、第二の方法は理性の実践的な認識と呼ばれるのである。

どちらにも、多かれ少なかれ純粋な部分が含まれねばならないのであって、この純粋な部分においては、理性はまったくアプリオリに客体を規定するのであり、この部分だけをまず考察する必要がある。そして他の源泉から生まれた認識を、こうした純粋な部分と混同してはならないのである。［経済の譬《たと》えで語るならば］収入のうちから配慮もせずに支出してしまって、懐具合が苦しくなった後で、収入のうちで支出に向けることのできる部分と、節約しなければならない部分を区別できないとしたら、それは正しい経済とは言えないだろう。

V05　純粋な学としての数学と物理学

理性の理論的な認識のうちで、その客体をアプリオリに規定する必要のある二つの学として、数学と物理学がある。数学はその全体が純粋な学であり、物理学は少なくともその一部が純粋な学である。物理学ではその認識の一部は、理性の認識源泉とは異なる源泉によって規定されねばならないのである。

V06　数学の革命

数学は、人間の理性の歴史をたどることのできるもっとも古い時代から、ギリシア人という驚嘆すべき民族のうちで、一つの学としての確実な道を歩んできた。ただし数学がこのような確実な道を歩むということがたやすいことだったと、考えてはならない。論理学においては、理性は理性自身だけとかかわるのであるから、このような「確実な道としての」王道を歩み、あるいはみずから切り拓くのは、困難なことではなかったのである「が、数学では事情が異なるのである」。思うに、数学においては暗中

XI

模索の時期が長くつづいたのであり（とくにエジプト人のもとで）、この状況が変化したのは、一つの革命ともいうべき出来事のおかげである。この革命はある人がさまざまな試みのうちで、幸運な着想をえたことによって実現されたのである。そしてその人から後には、たどるべき道に迷うことはなくなり、学としての確実な道が永遠に、無限にいたるまで拓かれ、指し示されたのであった。このような思考方法における〈革命〉は、有名な［アフリカ回りでアジアを訪れることのできる］喜望峰航路の発見よりもはるかに重要なものであるにもかかわらず、この革命の物語と、これを実現した幸運な人についての物語は、わたしたちに伝えられていないのである。

しかしディオゲネス・ラエルティオスが残してくれた言い伝えは[44]、幾何学の証明にまつわる要素であれば、ごく些細で、一般的な判断では証明する必要がないと思われるものまで、その発見者の名前を示しているのである。それは、こうした新しい道の発見の最初の一歩によって生みだされた［革命的な］革新の記憶が、数学者たちにとってきわめて重要なものと思われ、忘れ難いものとなったためだろう。

この言い伝えによると、初めて二等辺三角形についての証明を示した人の心に（それはタレスだったかもしれないし、あるいは別の人だったかもしれない）、一条の光が射しこんできた［ことで、この革命が起きた］のである。この人が発見したのは、その図形のうちに見たものに基づいて、あるいは図形のたんなる概念を追い求めて、その図形の性質を学びとろうとしてはならないということだった。そうではなく、概念そのものにしたがってその図形のうちでアプリオリに思考し、描きだした（すなわち構成した）ものに基づいて、その図形の性質を導きださねばならないのである。そして何かを確実に、そしてアプリオリに知るためには、自分の概念にしたがって、その事象［図形］のうちで思考したものから必然的に導かれるもののほかには、いかなるものもこの事象［図形］につけ加えてはならないことを、その人は理解したのである。

V07 自然科学における革命

自然科学がその〈王道〉を発見するまでの足取りは、［幾何学と比較すると］はるかに緩慢なものだった。賢明なるヴェルラムのベーコンの［『大革新』の］提案は、わずか一世紀半ほど前のことにすぎないのであり、この提案はこうした王道の発見のきっかけともなり、またすでに始まっていたこの王道にいたる歩みを促進するものとなったのである。この自然科学における王道の発見は、数学と同じように、思考方法における急激な〈革命〉によって説明することができる。ただしここで取りあげるのは、経験的な原理に基づいた自然科学だけにとどめよう。

V08　自然科学と思考革命

すべての自然研究者たちのうちに一条の光が射し始めたのは、ガリレイが重さを一定にした球が斜面をころがり落ちるように工夫した［落下速度の実験の］ときであり、トリチェリがあらかじめ測定しておいた水銀柱の重さを大気の重さと釣合わせた［トリチェリの真空の実験の］ときであり、さらに遅れてシュタールが金属からあるもの［燃素］を取りさって焼灰にし[45]、焼灰にあるもの［燃素］を加えて金属にした［燃素の実験の］ときのことである（注）。こうして自然研究者たちが認識したのは、理性はみずからの計画にしたがってもたらしたものしか認識しないこと、理性は［自然の研究に］先導し、恒常的に妥当する法則に基づいてみずから判断する原理を定めておいてから、これに基づいて自然を強要して、みずから立てた問いに答えさせねばならないこと、［幼児のように］自然が与えた〈歩み紐〉に引っぱられて歩むようなことがあってはならないことだった。［理性が］あらかじめ定めておいた計画にしたがって観察するのでなければ、たんに偶然の観察が行われるだけであって、こうした観察結果をいくら集めても、理性が求め、必要としているような必然的な法則がえられるはずはないのである。現象がたがいに一致するときに、そこに法則をみいだすのは理性の原理だけであって、理性はこうした原理にしたがって、［自然を研究するための］さまざまな実験を考案するのである。

理性はこうした原理を片方の手にもち、実験を他方の手にして、自然に立ち向かわねばならないのである。それは［すなわち、理性が自然に立ち向かうのは］自然から教わるためではあるが、生徒としての資格においてではなく、任命された裁判官としての資格において、学ばねばならないのである。生徒であれば、教師である自然の望むままを口移しに語らされるのであるが、裁判官であれば、みずから提示した問いに答えることを、証人たちに要求することができるのである。

物理学においても、思考方法の革命というこうした好ましい出来事が発生するためには、すでに述べた着想に負っているのである。この着想とは、［すでに指摘したように」理性がみずから知ることはできないために、自然から学ばなければならないことについては、みずから自然のうちに投げ入れたものにしたがって［すなわち理性が定めておいた原理に基づき、実験してえられた結果に基づいて］、自然のうちに求めなければならないということである（ただし捏造《ねつぞう》して、自然に押しつけるようなものであってはならない）。これまで自然科学は、長い世紀にわたる研究を重ねながら、ただ暗中模索をつづけるばかりであったが、こうした思考方法によって初めて、確実な道を歩み始めたのである。

V08n　**実験という方法の歴史について**

（注）わたしはここで実験という方法の歴史の道筋を厳密にたどることはしない。その端緒は実際によく知られていないのである。

V09　形而上学という闘技場

しかし形而上学は、まったく孤立した思考による理性認識であるから、経験が教えることをまったく超越して、たんなる概念だけによって認識するものである（これが、概念を直観に適用して認識する数学との違いである）。理性はこの学においてはみずからの生徒であろうとするのである。形而上学は、学としての確実な道を歩むには、あまりに運命に恵まれなかった。形而上学は他のすべての学よりも長い伝統をもつ学であり、他のすべての学が、あらゆるものを廃絶する野蛮な状態に落ち込んだとしても、形而上学だけは生き延びるのではないかと思われたにもかかわらずである。

それというのも「V01で示した基準で判断してみれば」形而上学において理性は、ごくふつうの経験によって確認される法則について、アプリオリに洞察しようとすると（理性は、みずからにこのようなアプリオリな洞察をする力があると主張しているのである）、いつでも行き詰まってしまうのである。形而上学においてわたしたちは無数の道をみいだすが、そのどの道もわたしたちの望むところには通じていないことを発見して、絶えず後戻りしなければならないのである。また形而上学を信奉する人々のあいだで意見が一致しているかどうかを調べてみれば、そこにみられるのは意見の一致とはまったくかけ離れたものであり、あたかも闘技場であるかのようである。ここは闘技者たちが闘ってみずからの力を試すために設けられた場所のようであるが、かつてただ一人の闘技者も、ごくわずかな地歩もここで獲得することはできなかったし、たとえ勝利したとしても、その勝利を長く維持することはできなかったのである。だからこれまでの形而上学のやり方がたんなる暗中模索にすぎなかったこと、さらに悪いことには、たんなる概念のうちでの模索にすぎなかったことに、疑問の余地はないのである。

V10 確実な道への疑念

それでは形而上学において、学の確実な道がこれまで発見できなかった理由はどこにあるのだろうか。こうした確実な道を発見するのは不可能なのだろうか。自然はなぜ、こうした確実な道をたゆまず探し求めることを、理性のもっとも重要な使命の一つとして与えて、理性を苦しめることにしたのだろうか。それだけではない。わたしたちがもっとも知りたいと思う重要な問題について、理性がわたしたちを見捨てるだけでなく、まやかしを示して誘い、そしてついには欺くのだとしたら、わたしたちが理性を信頼すべき理由はほとんどなくなってしまうのではないだろうか。あるいはわたしたちがこれまで正しい道をみつけ損ねていただけだとするならば、この道を探す新たな試みにおいて先人よりも幸運に恵まれることを期待するには、どのような〈標識〉を利用できるのだろうか。

V11 コペルニクス的な転回

そこでわたしが考えたのは、形而上学においても数学と自然科学の実例に学ぶべきではないかということだった。数学と自然科学が現在のように「確実な学と」なったのは、突然のように起こった〈革命〉によるものだった。だからこの二つの学にきわめて大きな恩恵を与えたこの思考方法の変革について、その本質的な特徴を詳細に追跡してみることは、十分に興味深いものであろう。形而上学は、理性による認識であるという点で、数学や自然科学と共通しているのだから、形而上学がこれらの二つの学を模倣しようと試みるのは、望ましいことではないだろうか。

これまでわたしたちは、人間のすべての認識は、その対象にしたがって規定されるべきだと想定してきた。しかし概念によって、対象について何ものかをアプリオリに作りだし、人間の認識を拡張しようとするすべての試みは、この想定のもとでは失敗に終わったのである。だから「認識が対象にしたがうのではなく」対象がわたしたちの認識にしたがって規定されねばならないと想定してみたならば、形而上学の課題をよりよく推進することができるのではなかろうか。ともかくこれを、ひとたびは試してみるべきではないだろうか。形而上学の課題とするところは、対象をアプリオリに認識する可能性を確保すること、すなわち対象がわたしたちに「経験によって」与えられる以前に、対象について何ごとかを確認できるようにすることにある。だからこの想定はこの課題にふさわしいものなのである。

この状況はコペルニクスの最初の着想と似たところがある。コペルニクスは、すべての天体が観察者を中心として回転すると想定したのでは、天体の運動をうまく説明できないことに気づいた。そこで反対に観察者のほうを回転させて、天体を静止させたほうが、うまく説明できるのではないかと考えて、天体の運動をそのように説明しようとしたのである。だから形而上学においても、対象の直観について、同じような説明を試みることができるのである。もしもわたしたちの直観が、対象の性質にしたがって規定されなければならないとしたら、わたしたちが対象について何かをアプリオリに知りうる理由は、まったく理解できなくなる。ところが感覚能力の客体である対象が、わたしたちの直観能力の性質にしたがって規定されねばならないと考えるならば、わたしたちが対象をアプリオリに知ることができる理由がよく分かるのである。

しかし［わたしは対象についての認識を必要とするのであり、そのために直観は直観のままであってはならず］、直観は認識とならねばならないのであるから、わたしは直観のうちにとどまっていることはできない。わたしは直観によって自分の心に思い描いた像［＝表象］を、ある対象と関連づける必要があり、その対象を心のうちの像で規定しなければならないのである。そうだとすると、対象は次のいずれかの方法で規定されるものと考えねばならない。まず、わたしが対象を規定するために利用する概念が、対象にしたがって規定されていると考えてみよう。しかしその場合には、わたしはどうすればこの対象について、何かをアプリオリに知りうるかが分からなくなり、最初の［直観が対象の性質にしたがって規定されると考えた］場合と同じように困惑してしまうのである。そこで次に、対象が概念にしたがって規定されていると考えてみよう。これは経験が概念にしたがって規定されていると考えるのと同じことである。対象は、わたしに与えられる対象としては、経験のうちだけで認識できるからである。するとこれはごく分かりやすい考え方であることに、すぐ気づくのである。経験とは、知性を必要とする一つの認識方法であって、わたしは対象が与えられる前から、わたしのうちにアプリオリな知性の規則が存在すると想定しなければならない。この知性の規則はアプリオリな概念として表現されるのであり、経験のすべての対象は、これらのアプリオリな概念に必然的にしたがい、これと一致せざるをえない。

もちろん対象のうちには、理性によって必然的なものとして考えられるだけであって、経験のうちではまったく与えられえない（少なくとも理性が考えるような形では）ものも存在する。このような対象について思考しようとする試みが（というのも、こうした対象も思考できなければならないのであるから）、［数学や自然科学にならって］思考方法における新しい方法と名づけようとするこの方法の［正しさを吟味する］すばらしい試金石となるものであることは、いずれ明らかになるだろう。この新しい方法では、わたしたちが事物についてアプリオリに認識することができるのは、その事物

XVIII

のうちにわたしたちがあらかじめ入れておいたものだけだと考えるのである（注）。

V11n　実験の役割

（注）自然研究にならったこの新しい方法は、純粋理性を構成するさまざまな要素を、実験によって存在が確認あるいは否認されたもののうちに求めることにある。ところで純粋理性の命題の正しさを検証しようとするときには、とくにこうした純粋理性の命題が、可能な経験のあらゆる限界を超越したものであるときには、その客体についてはいかなる実験も行えないのである（自然科学における実験という意味では）。だから実験することができるのは、わたしたちがアプリオリに認めた概念と原則だけについてである。そのためにわたしたちはこうした概念や原則に工夫を加えて、同じ対象を一方では感覚能力と知性の対象として、これを経験の対象とするのであるが、他方では、たんに思考されるだけの対象、経験の限界を超えてようとする孤立した理性の対象とするのである。すなわち同じ対象を、このように二つの異なる側面から考察することにするわけである。そして事物について、もしこうした二つの観点から考察す

ると、純粋理性の原理との一致が確認されるが、片方の観点だけから考察すると、理性が自己矛盾に陥るのは避けられないことが確認されるときには、この実験はすでに述べた［経験の対象である現象と理性の対象である物自体との］区別が正しいものだったことを証明するのである。

V12　理性と無条件的なもの

この［新しい思考方法で対象について考察しようとする］試みは望みどおりの成功を収めるのであり、この方法によって形而上学の第一部門が、学としての確実な道を歩むことが約束されるのである。本書の第一部門は、アプリオリな概念について考察するが、これらの概念に対応する対象は、経験のうちで、概念に適合したものとして、与えられうるのである。思考方法をこのように変革することで、アプリオリな認識が可能であることをきわめて適切に説明できるし、それればかりか経験の対象の総体としての自然の根底にあるアプリオリな法則を、十分に証明できるのである。このどちらも、これまでの思考方法には不可能なことだったのである。

ところでわたしたちのアプリオリな認識能力をこのような形で根拠づけると、形而上学の第一の部門［である批判の分析的な部門］では奇妙な結論がだされることになるし、さらに形而上学の目的とするすべての問題を考察する第二の部門［である純粋理性の弁証論］では、こうした目的にとって非常に不利ともみえる結論がだされることになる。というのも、［この思考方法によると］わたしたちはみずからのアプリオリな認識能力によっては、可能な経験の限界を決して超えられないと結論されるのであるが、形而上学という学が目指す本質的な課題は、まさにこの可能な経験の限界を超越することだからである。ところで、わたしたちのアプリオリな理性認識についての最初の考察である第一部からえられた［奇妙な］結論とは、アプリオリな理性認識は現象だけにかかわるものであるということ、そして物そのものはたしかに現実的なものではあるが、わたしたちには認識できないものとしてそのままにしておくべきであるということであった。そしてこの結論が真実であることを検証するための実験が、本書の第二部には含まれているのである。

というのは、わたしたちが経験とあらゆる現象の限界を超えようとするのは必然的なことであるが、それは［経験によって］条件づけられないものが存在するためなのである。このために理性は［経験できない］物自体のうちに［人間の自由や神のような］条件づけられないものを求めるのであり、条件づけられた［経験的な］ものの［因果関係の］系列が［世界の端緒や第一原因としての神によって］完結することを求めるのである。そしてそれはごく正当なことなのである。

ところでもしも、わたしたちの経験的な認識は物自体としての対象によって規定されていると考えるならば、この条件づけられないものは矛盾なしには考えられないのである。しかしわたしたちが事物について心に思い描く像［＝表象］が、物自体としての対象によって規定されているのではなく、反対に現象としての対象こそが、わたしたちがそれを心に思い描く方法によって規定されていると考えるならば、この矛盾は消滅することが分かる。さらに、条件づけられないものは、わたしたちに与えられ、認識しうる事物においてはみいだすことはできないが、わたしたちが認識することのできない物自体のうちには、おそらくこの条件づけられないものをみいだすことができるだろうということも分かるのである。こうして、わたしたちが最初はたんなる〈試み〉として考えたものが、十分に根拠のあることが明らかになる（注一）。

ところで思考する理性は、感覚を超越した領域では一歩も前進することができない

XXI

のであり、わたしたちに残されたのは、理性の実践的な認識のうちに、この条件づけられないものという超越的な理性概念を規定すべく与えられたものが存在しているのではないかと検討してみることであり、さらにこのような方法で、形而上学の希望を満たすために、アプリオリな認識によって、ただし実践的な意味のみにおいてアプリオリな認識によって、可能な経験のあらゆる限界を超えてゆくことができるようなものが与えられていないかを検討してみることだけである。この手続きにおいては、わたしたちの思考する理性は［可能な経験の限界を超えた場所に到達することはできないが］、そうした拡張のための場所を少なくとも〈空き地〉として残しておいたのである。そして、わたしたちにできるのであれば、この〈空き地〉を理性に実践的に与えられたものによって満たすことは禁じられていないのであり、むしろそのことは理性によって求められていることでもある（注二）。

XXII

V12 n1　総合の手続き

（注一）純粋理性のこの実験は、化学者たちが還元と名づけている実験とよく似てい

XXI

る（ただしこれは還元というよりも、一般には総合の手続きと呼ぶべきだろう）。形而上学者の分析は、アプリオリで純粋な認識を二つのまったく異なる性質の認識に分類する――現象としての事物の認識と、物自体の認識である。弁証論はこの二つの認識をふたたび結びつけ、理性がどうしても考えださずにはいられない条件づけられないものという理念と調和させ、この調和がすでに［V11nで］示した区別によって生まれるものであること、すなわちこの区別が真の区別であったことをみいだすのである。

V12n2　仮説としての思考方法の変革

（注二）天体の運動に関する中心的な法則は、コペルニクスが最初はたんなる仮説として示したものが完全に確実なものであったことを示したし、宇宙の構造を結合している不可視な力（ニュートンの引力）が存在することも証明したのである。もしもコペルニクスが、観察された［天体の］運動を［説明する原理を］、天空にみられる対象のうちにではなく、観察者のうちに探すという、（感覚には反するものの）正しい方法を採用しなかったならば、この引力というものも永久に発見されなかったことだろう。

わたしはこの序文においては、［本文の］批判のところで記述される思考方法の変革について（それはコペルニクスの仮説に比すべきものである）、たんなる仮説として示すにとどめる。ただし本文［の批判のところ］では、空間と時間というわたしたちの［直観の］像の特性と、知性のさまざまな基本的な概念に基づいて、この思考方法の変革［の正しさ］が仮説としてではなく、必然的なものとして証明されるのである。この序文はこうした思考方法の変革の最初の試みに、注意を促すものにすぎない（こうした試みはつねに仮説のような性格をおびるものだからである）。

V13　形而上学の幸運と義務

これまでの形而上学の手続きを変革しようとするこの試み、しかも幾何学者と自然研究者の手本にならって、形而上学の完全な〈革命〉を実現しようとするこの試みこそが、思考する純粋な理性の批判という本書の目指すところである。本書は学の体系そのものを構築するのではなく、方法について考察する書物である。ただしこの批判は、学の外的な限界についても、学の内的で全体的な構造についても、その全体の輪郭を描こうとする。というのは思考する純粋な理性の特性は第一に、思考の［対象となる］客体を選択するさまざまな方法におうじて、みずからの能力を測定するものである。第二に理性は、みずからに課題を与えるさまざまな方法を十全に考察して、形而上学の体系の全体の見取り図を描くことができるし、描くべきだからである。第一の特性については、アプリオリな認識の場合には、思考する主体がみずからの内部から取りだしたものでなければ、客体には何もつけ加ええないことを指摘しておきたいからであるし、第二の特性については、思考する純粋な理性はその認識原理については完全に独立し、自存する統一体であるからである。［たとえば］生物の身体のように、それぞれの器官は他の器官のために存在し、反対に全体の統一体はそれぞれの器官のために存在する。それと同じように、［理性の］いかなる原理についても、それが純粋な理性の使用全体とのあいだで、どのような全般的な関係を結ぶかということを考察しなければ、これを何らかの関係のうちに、確実にとりいれることはできないのである。

　その代わりに形而上学は、客体だけを考察する他の理性の学とは比較できないほどの幸運に恵まれている。そもそも［形而上学の一部を構成する］論理学は、思考一般の形式だけにかかわる学である。この批判によって形而上学が学として確実に歩み始めるようになったときには、形而上学に属するすべての認識の領域を包括して、みずからの仕事を完結し、決して新たに追加する必要のない〈資本〉として、後の世代が利用できるように蓄えておくことができるのである。形而上学がかかわるのは、その原理と、原理の使用における制約だけであって、この制約は原理そのものによって定められるのである。形而上学は根本的な学として、このようにして完成されるべき義務を負うのである。だから形而上学については、「何かなさねばならぬことが残っているかぎり、まだ何もなされていないとみなされる」と言わねばならない。

V14　批判の効用の総括

しかしここで、形而上学が批判によって純化され、強固な地位を確保したとしても、そのことにどのような価値があるのか、そして後の世代の人々にどのような〈財産〉を残そうとするのか、と尋ねられるかもしれない。そして本書をざっと読んだだけでは、この批判の効用というものは消極的なものにすぎないのではないか、思考する理性が、わたしたちに経験の限界を超えることがないようにさせるだけのことではないか、と思われるかもしれない。しかしそのことは実際に、本書の第一の効用なのである。というのも思考する理性が、それに定められた限界を超える際に利用する原則は、わたしたちの理性使用を拡張するようにみえるとしても、詳細に検討してみれば、理性使用を狭める結果をもたらさざるをえないのであり、そのことが納得されるならば、この［消極的と思われた］効用も、積極的な効用となるのである。こうした原則は、ほんらいは感性に属するものであるが、実際には感性の限界をすべてのものを超えて拡張しようとするものであって、純粋な（実践的な）理性使用を妨げる危険があるのである。

そのため批判は、思考する理性を制限するという意味では消極的な役割をはたすものではあるが、実践理性の使用を制限したり、まったく使用できなくしたりしてしまう危険性のある障害物を取りのぞくという意味では、実際には積極的な、そしてきわめて重要な効用をそなえているのである。というのもわたしたちは、純粋理性の実践的な使用（道徳的な使用）というものは絶対に必然的なものであることを確信しているのであって、この使用においては理性が感性の限界を超えてみずからを拡張することは避けられないのである。その際に［実践的な］理性は、思考する理性にいかなる援助を求めることもなく、そればかりか、思考する理性に影響されて、みずからと矛盾に陥ることがないように、安全を確保されていなければならない。批判にはこのような積極的な効用があることを否定しようとするのは、警察の主要な業務は、市民が他の市民に暴力を加えることがないように規制して、各人が平穏かつ安全に、それぞれの仕事に励むことができるようにするだけだから、警察には積極的な効用がないと主張するようなものである。

ところで本書の批判の分析的な部門においては、次のことが証明されることになる。すなわち空間と時間は感覚能力による直観の形式であり、事物が現象として存在するための条件にほかならないこと、知性の概念に対応する直観が与えられえなければ、わたしたちは知性の概念を所有することができず、事物を認識するために必要な要素はまったく与えられないこと、だからわたしたちが認識できるのは、物自体としての対象ではなく、感覚能力による直観の客体としての対象であり、現象としての物にすぎないことである。このことから当然に生まれる結論は、理性が思考によって認識することができるのは、すべて経験の対象に限られるということである。ここで注目し

XXVI

なければならないのは、わたしたちはこの対象を物自体として認識することはできないものの、少なくとも思考することは可能でなければならないという考えが、まだ保持されているということである（注）。それでないと、そこに現象するもの［としての物自体］が存在しないのに、ただ現象だけがあるという不合理な命題が生まれかねないからである。

ところでわたしたちの批判では、経験の対象としての事物と、物自体としての事物は必然的に異なるものであると考えたのだが、このような違いがまったく存在しないと想定してみよう。その場合には、因果律の原則と、因果律の原則によって規定されている自然のメカニズムが、作用因としてすべての事物一般にひとしく妥当することになる。しかしわたしは同じ事物について（たとえば人間の魂《ゼーレ》について）、人間の意志は自由であると主張しながら、同時に人間の意志が自然の必然性に服するものである（すなわち自由ではない）と主張することはできない。これは明らかな矛盾に陥ることだからである。このように主張するときは、わたしは二つの命題において魂をまったく同じ意味で、すなわち事物一般として（物自体として）理解しているのであり、あらかじめ批判を行っていない場合には、ほかに考えようはなかったのである。

しかし批判は、客体を二つの意味で、すなわち現象としての客体と、物自体としての客体として考えることを教えるのであり、さらに知性の概念による推論からして、因果律の原則は第一の意味での現象としての事物だけに、すなわち経験の対象となるかぎりの事物に適用されるのであり、第二の意味では［物自体としては］因果律に服するものではないことを教えるのである。これらが正しいとするならば、［人間の心の］同じ意志が、現象においては（目に見える行為においては）自然の法則に必然的にしたがうために自由ではないが、他方で物自体に属するものとしては自然の法則にしたがわず、自由であると考えることができるのであり、ここでは矛盾は発生しないのである。

しかしわたしは思考する理性によっては、自分の魂を物自体に属するものとして認識することはできないし、ましてや経験的な観察によって認識することもできない。だから自由を、ある存在者に固有の特性として、すなわち感覚的な世界において発生する出来事の原因となるような存在者に固有の特性として、認識することはできないのである。このようなものを認識するためには、その存在者の現実存在を、時間によって規定されないものとして認識しなければならないはずだからである（しかしこのような存在者の概念は、直観によって裏づけることができないために、考えることができないのである）。だからわたしは自由を考えることはできる。少なくとも自由という観念［＝表象］には、いかなる自己矛盾も含まれないからである。自由［を考えること］が可能であるのは、わたしたちの批判によって、心に像を思い描く二つの方法が、すなわち感性的な像と知的な像を思い描く方法が区別されているからであり、この［現象と物自体の］区別によって、純粋な知性の概念と、その概念から生まれた原則に制約を加えているからである。

ところで道徳は、わたしたちの意志の特性として、自由を（厳密な意味で）必然的に前提していると仮定してみよう。これはわたしたちの理性に根源的に含まれる実践的な原則が、理性にアプリオリに与えられていると想定することだが、このような原則は自由を前提としなければ、まったく不可能なことであろう。しかし思弁的な理性が、自由というものがまったく不可能なものであることを証明したと考えてみよう。すると前記の道徳の前提が、［自由が存在しないと証明した］思弁的な理性に屈するようになるのは必然的なことである（これと反対のことを主張するのは明らかに矛盾したことだからである）。その場合には自由も、道徳も（自由が前提されないとすれば、道徳性を否定しても、いかなる矛盾も発生しないのである)、自然のメカニズムに席を譲らねばならなくなる。

だからわたしが道徳が可能であるために必要と考える条件は、第一に、自由がそれ自体において矛盾を含まないものとして思考しうるものであること、そしてそれ以上のことは洞察する必要がないこと、そして第二に、［自由という側面と、自然のメカニズムの必然性の側面という異なる観点から考えることができる］人間の同一の行動について、自由という側面が、自然のメカニズムを妨げることがないことである。［この条件を満たすことができれば］道徳の理論はそのほんらいの場所を確保し、自然学もその場所を確保するのである。ただし［道徳の理論と自然の理論がそれぞれの場所を確保するという］この事態が起こりうるためには、わたしたちはどうしても物自体を知りえないことを、批判によってあらかじめ学んでいる必要があり、わたしたちが理論的に認識することができるすべてのものは、たんなる現象にすぎないことを弁《わきま》えておく必要がある。

このように純粋理性の批判的な原則は積極的な効用をそなえたものであり、それによって神の概念と、人間の魂の本性の単純さという概念についても解明できるはずであるが、説明を簡略にしたいので、ここでは省略することにしたい。だからわたしが神、自由、［霊魂の］不死を、理性を必然的かつ実践的に使用するために想定することができるためには、［経験を超越するような］行き過ぎた洞察をすることが許されるという越権を、思考する理性から奪う必要があるのである。というのも、思考する理性がこうした洞察をするために利用せざるをえない原則は、実際には可能な経験の対象だけに適用されるはずのものである。それが経験の対象となりえないものに向けられるときには、こうした［経験を超越した超自然的な］ものを、たんなる現象に変えてしまうのであって、それによって純粋理性を実践的に拡張するあらゆる試みは不可能であると宣言することになるのである。

だからわたしは、信仰のための場所を空けておくために、知を廃棄しなければならなかったのである。形而上学の独断論は、批判なしで純粋理性の営みをさらに進めようとする偏見であって、道徳に反抗しようとするあらゆる無信仰の源泉であり、こうした無信仰はつねに独断論的なものなのである。

——もしも純粋理性批判の主旨にしたがって一つの体系的な形而上学を構築することができれば、これを後世の人々に遺産として残すのは難しくないことであり、この遺産は後の世代の人々のための重要な贈物となるものである。ここで、批判を欠いた理性が根拠もなしに模索しながら、軽率に彷徨しているありさまと、理性が学一般の確実な歩みのうちで開花する状態を比較してみていただきたい。そして知識欲の旺盛な若者たちが、［この確実な道を歩むことによって］大いに時間を節約できることにも注目していただきたい。［この道を歩まない場合には］青年たちはごく若い頃からよくみられる独断論によって鼓舞されて、みずからはまったく理解することもできず、世間の一般の人々と同じように、いかなることも洞察しえない事柄について、やたらに詭弁を弄するようになり、新しい思想や私見を発見することに熱中して、基礎となる学問の習得をなおざりにするのである。しかしソクラテス的な方法で、すなわち相手の無知をどこまでも明確に証明するという方法を駆使して、道徳と宗教にたいするすべての異議申し立てを、将来にわたって永久に根絶するならば、計り知れない利益が生まれるだろう。このことを考えてみれば、そのこと［この遺産の重要性］は何よりも明らかであろう。

世界にはこれまでいつの時代にも、何らかの形而上学というものが存在していたし、これからも存在することだろう。そして形而上学とともに、純粋理性の弁証論もまた存在しつづけるだろう。弁証論は純粋理性にとってはきわめて自然なもの、そこにつねに含まれるものだからである。だから哲学にとって何よりも重要な第一の課題は、誤謬が発生する源泉を塞《ふさ》ぐことによって、すべての好ましくない影響を永久に根絶することにある。

V14n　概念の客観的な妥当性

（注）一つの対象を認識するためには、わたしがその対象の［実在的な］可能性を証明できることが必要である（この証明は、経験の証言にしたがってその対象の現実性を証明するか、あるいは理性によってアプリオリに証明するかのどちらかである）。しかしわたしは、自己矛盾に陥らないかぎり、すなわちわたしの概念がたんに［現実の客体に対応しない］可能な思考であるかぎりでは、わたしは［対象を］自由に思考することができるのである（ただしその思考の対象が、すべての可能な事物の総体のうちの一つの客体に対応するかどうかは、保証できない）。しかしこのような概念に客観的な妥当性を与えるためには、もっと〈別のもの〉が必要になるのである（ところで概念に客観的

な妥当性を与えるというのは、実在的に可能であることを示すということであり、思考することが可能であるということは、たんに論理的に可能であるにすぎない[46]。しかしこの〈別のもの〉は、理論的な認識の源泉のうちだけに求める必要はない。それは実践的な認識の源泉のうちに存在することもありうるからである。

V15　学派の〈蜘蛛の巣〉の崩壊

このように、［本書によって］学の領域における重要な変革が実現された。これは思考する理性がそれまで自分の所有物だと思い込んできたものには、損失を与えるものだった。しかしすべての人間が関心をもつ重要な問題については、かつてと同じように好ましい状態が保たれているのであり、世界がこれまで純粋理性の学からうけとっていた効用もそのまま維持されているのである。損失が発生したのは［独断論的な］諸学派による独占においてであり、人類の利益においてではない。わたしはもっとも頑強な独断論者たちに問い掛けてみたいと思う。というのは［独断論的な］諸学派はこれまで、次のようなことを証明してきたのである。まず［第一に］実体の単純性に

XXXII　XXXI

依拠することで、わたしたちの魂が死後も存続することを証明し、［第二に］人間の主観的な必然性と客観的で実践的な必然性を区別するという、精緻ではあるが無力な区別を利用することで、一般的な［自然の］メカニズムに抗して、人間には意志の自由があることを証明し、さらに［第三に］もっとも実在的な存在者という概念によって（これは、変化するものは偶然的な存在であるという概念と、第一動者［である神］は必然的な存在であるという概念に依拠するものだった）、神が現存在することを証明してきたのである。しかしこうした証明は公衆にまで届いただろうか、そして公衆が［これらの証明の正しさを］確信できるようになるためにいささかでも貢献しただろうか、と問い掛けたいのだ(47)。

しかしこのようなことは起きていない。そもそも一般の人々の常識はこのような精緻な思考には適さないものであるから、このような［公衆がその正しさを確信するような］ことが起きることは期待できないのである。ただし［公衆にはそもそもこうした思想をうけいれる素質がそなわっているという］次の点を指摘しておくべきだろう。まず第一の［魂の不死という］問題については、すべての人間に、時間的なもの［＝現世］によっては満足できないという本性がはっきりとした素質として存在しているのであり（時間的なものは、人間のすべての使命をはたすべき素質にとって不十分なものなのだ）、それだけに人間は来世の存在に希望をかけるのである。また第二の［意志の自由という］問題については、心のさまざまな自然の傾きに抗して、人間は義務を絶対に明瞭なものと考えるのであり、そこから人間は自由であるという意識が生まれるのである。最後に第三の［神の存在という］問題については、自然のあらゆるところですばらしい秩序と、美と、［神の］配慮がみられるのであり、それだけで聡明で偉大な世界の創造主が存在するという信仰を生みだしたのである。これらのものは、理性の根拠に基づくものであるかぎりにおいて、公衆のうちに広い範囲で、［こうしたものへの］確信を引き起こしたはずなのである。だからこうした信念を所有することは妨げられないだけではなく、人間の名誉を高めるものなのである。ただし諸学派は、人間の普遍的な要求にかかわるこうした点について、多くの人々（わたしたちにとっては尊敬に値する人々）が容易に到達しうる洞察よりも高い次元において、いっそう広範な洞察をなしうると僭称してはならないのであり、普通の人々にも理解しやすく、道徳的な見地からも望ましいこうした証明根拠を洗練させることだけにつとめるべきなのである。

XXXIII

だからすでに述べた変革は、さまざまな学派の傲慢な要求を退けようとするものなのだ。これらの学派は、こうした点について（そして当然ながらその他の多くの点についても）、人々から真理の唯一の保持者であり、真理の精通者であるとみなされたがるのであり、公衆にはこうした真理を使う方法だけを教えて、その〈鍵〉は自分だけのものとして秘しておこうとするのである（「彼はじつはわたしと同じように何も知らないのに、自分だけは知っているとみなされたがるのだ」[48]）。

しかし［本書では］思索をこととする哲学者が正当な要求を示す場合についても配慮されているのである。公衆は、［本書での］理性批判については知識をもっていないものの、この理性批判は公衆のために役立っているのであって、こうした理性批判を今なおつづけているのが、こうした思索を重視する哲学者だけであることに、変わりはないのである。理性批判が大衆的なものになることはできないし、そのようなものになる必要もない。大衆が有益な真理について精緻に編まれた議論を理解するのは困難なことであり、こうした議論に反論するために、やはり精密な反論を思いつくこともできない。これにたいして諸学派も、とくに思索に巧みな人々も、こうした議論や反論に熱中するようになるのは避けがたいことである。それだけに諸学派には、思考する理性にそなわる権利を徹底的に吟味することで、［虚偽の理論を主張するような」忌わしい事態《スキャンダル》が発生するのを予防する義務があるのである。批判なしでは形而上学者たちが（そして最終的には聖職者たちも）こうした忌わしい事態《スキャンダル》に巻き込まれるようになるのは避けがたいことであり、自分たちの主張を偽造するようになるものである。そして遅かれ早かれ、大衆のうちにもこうした争いが発生せざるをえないのである。ただ〈批判〉だけが、唯物論、宿命論、無神論、さらには自由思想家の不信仰、狂信や迷信など、一般に有害なものとなりうるさまざまな思想を、その根元から廃絶させることができるのであり、さらには公衆のもとにまで浸透することは少ないが、諸学派にとっては危険な思想である観念論と懐疑論なども、根絶しうるのである。

もしも政府が学問の問題に介入するのが望ましいと判断した場合には、このような〈批判〉の自由を擁護して、理性の仕事を確固とした土台のうちに構築できるようにすることこそが、学問のためにも人類のためにもきわめて望ましい賢明な配慮と言うべきだろう。そもそも政府は、諸学派の笑うべき専制政治を支援すべきではない。諸学派は自分たちの蜘蛛の巣が破れると、公共の危険だと騒ぎ立てるが、公衆はこのような蜘蛛の巣に注意を払ったことなどはないし、それを損失と感じることもないのである。

V16 批判の目的

批判が反対しているのは、理性がその純粋な認識を学として取り扱うときの独断的な手続きではない（学はつねに独断的でなければならないのであって、アプリオリで確実な原理に基づいて厳密に証明を行わねばならないのである）。批判が反対するのは独断論なのである。理性は長いあいだ原理を利用して、概念から（哲学的な概念から）純粋な認識を導きだしてきたのであるが、独断論とは理性がこのような純粋認識に到達した方法と権利を考察することなしに、独力で作業を進めようとする越権的な主張なのである。だから独断論とは、理性自身の能力をあらかじめ批判することなしに、純粋理性が独断的な手続きを採用することを意味するのである。

このように批判が反対するのは、「わかりやすさという意味での」通俗性を装って饒舌になる浅薄さを擁護するためでも、形而上学のすべてをあっさりと片づけてしまおうとする懐疑論を弁護するためでもない。批判はむしろ、学としての根本的な形而上学を促進するために必要な予備的な作業なのである。そして形而上学の営みはかならず独断的に、厳密な要請にしたがって体系的に遂行されねばならず、通俗的に「わかりやすさを目指して」ではなく学問的に遂行されねばならないのである。形而上学につきつけられたこうした要請はゆるがせにすることはできない。というのも、形而上学は完全にアプリオリに、思考する理性を完全に満足させるように、まったくアプリオリな形でみずからの仕事をやりとげるべきなのだからである。

批判が定めたこの計画を遂行するためには、そして将来において形而上学の体系を構築するためには、わたしたちはいつかは高名な哲学者であるヴォルフが定めた厳密な方法にしたがう必要があるだろう(49)。すべての独断的な哲学者のうちで最大の哲学者であるヴォルフは、法則にしたがいながら原理を確立し、概念を明瞭に規定し、証明を厳密なものとするように試み、推論における大胆な飛躍を防止することで、学の確実な道が開かれることを、実例をもって示した最初の人物なのである。そしてこの実例によってヴォルフは、徹底性の精神を創始したのであり、この精神はドイツにおいて現在にいたるまで消滅していないのである。ヴォルフはこの精神によって、形而上学という学を、このようなすぐれた状態に据えるのにとくに適した人物だった。しかしこのヴォルフにも思いつかなかったことがある――学問の道具《オルガノン》を批判することによって、すなわち純粋理性の批判によって、この領土をあらかじめ整地しておくべきだったのである。この欠陥は彼のせいではなく、当時の独断論的な思考方法の責任であろう。この欠陥についてはヴォルフの同時代の哲学者たちも、前代の哲学者たちも、たがいに相手を非難することはできないのである。ヴォルフの学問の方法を非難する人々も、純粋理性の批判の手続きを非難する人々も、学に固有の制約を投げ捨てて、仕事を遊びに、確実さを私見に、智恵への愛《フィロソフィア》である哲学を私見への愛《フィロドクサ》にしてしまうことだけを考えているのである。

V17 第二版の修正の目的

ところでこの第二版については、当然のことながら、この機会を利用して、初版で理解しがたいところを訂正し、意味のとりにくいところを改善しようと試みた。わたしにも責任はあるのだろうが、初版にあった問題点のために、初版を批評された多数の鋭い評者のうちに、誤解が生じたらしいからである。しかし本書で提示した命題と、その命題の証明の根拠について、さらに本書の計画の形式とその完全さについて、修正すべき点は発見できなかった。それは本書の刊行に先だって、わたしが長い時間をかけて吟味したからであり、あるいは問題となっている事柄の性質に（すなわち思索をこととする純粋な理性の性質に）よるからでもある。純粋理性は［生物のような］真の肢体をそなえているものであり、そこにはすべての器官《オルガン》がそなわっていて、すべてのものはある一つのもののために存在し、それぞれのものはまたすべてのもののために存在しているのである。だからそこにわずかでも破綻があれば、それが欠陥（誤謬）であろうと欠如であろうと、使用するうちに露呈してくるのは避けられないことなのである。

わたしはこの体系が将来も、このように手を加えられないままで維持されることを望むものである。［わたしがそのように望むのは］自惚《うぬぼ》れからではない。十分な証拠があるのだ。［この体系の完全さを示す証拠があるというのは］純粋理性のもっとも小さな要素から出発してその全体に到達するという［前進の］道をたどった場合にも、全体から始めて（この体系の全体は、実践的な理性の最終的な目的のうちに、それ自体として示されている）、個々の部分にいたるという遡行の道をたどった場合にも、まったく同じ結果がえられることが、実験によって示されるからである。この体系のごく小さな部分でも変更しようと試みるならば、たんにこの体系のうちに矛盾が生まれるだけではなく、人間の一般的な理性そのものにおいてただちに矛盾が発生するのである。わたしはこのことからも、この体系がそのままで維持されることを願う権利があるだろう。

ただ、記述のしかたにはまだ多くの改善すべき点があり、この第二版ではさまざまな改善を試みた。とくに改善したところをあげるならば、まず感性論における誤解、とくに時間の概念における誤解を解消するようにした。次に知性の概念の根拠づけのうちの曖昧なところを取りのぞき、さらに純粋な知性の原則の証明における明証性の欠如（と思われたもの）をなくし、最後に合理的な心理学を批判的に考察した誤謬推論の部分についての誤解を解消するように試みた。ただし記述の方法を修正したのは
そのくらいであり（すなわち超越論的な弁証論の第一章の最後までであり）、その後はと XXXIX
くに変更は加えていない（注）。というのは時間があまりにも不足しているだけでなく、 XL
専門的な見地から公正に吟味した人々のうちでも、残りの部分については誤解が発生
していないからである。わたしはここで、こうした方々のお名前をしかるべき感謝の XLI
言葉をもって明記することはできないが、ご指摘いただいたことについて第二版で配 XLII

慮していることは、それぞれの箇所において気づかれることと思う。

しかしこの改訂のために、わずかながら失われたものもある。書物があまりに長くなりすぎるために、わたしはいくつかの記述を短縮したり、省いたりしなければならなかったのである。このように削った部分は、全体の完全さを損ねるものではないが、別の観点からみれば読者にとって有益なものだったのであり、こうした部分が失われたことを、読者は残念に思われるかもしれない。しかしこのような省略のおかげで、わたしはここに示したように、わかりやすく記述することができたのである。ただし［このように省略しても本書の］命題とその証明の根拠には、いささかも修正が加えられてはいない。もっともたんに挿入するだけでは済まないほどに、記述の方法を大きく変えたところもある。

このようなわずかな損失は、読者が随意に初版と比較することによって補うことができるものであって、第二版がはるかに読みやすくなった（とわたしは願うものである）ことによって、十二分につぐなわれているはずである。わたしがこれまで刊行してきたさまざまな文章において（それには多数の書物の書評として発表されたものも、特別な目的で書かれた論文もあるが）、感謝の念をもって確認できたことがある。それは、

［ヴォルフ以来の］ドイツにおける徹底性の精神がまだ死滅していないこと、才気ぶった自由思想が流行して、この精神の声が聞こえなくなっていたことはあるが、それはごく短い期間だけだったこと、そして批判の営みは、茨の小道のような歩きにくい道であるが、勇敢で明晰な精神をもつ人々が、この小道を歩み通す妨げにはならなかったということである。この小道こそ、純粋理性の学、すなわち高度に学問的で、それだけに持続的で、きわめて必要とされている学へといたる道なのである。

わたしは、洞察の徹底性と記述の明快さという才能を、幸運にも兼備している優れた方々に（わたしにはこの明快さという才能は恵まれていないようである）、明快さという点で本書のあちこちにみられる欠陥を改善する仕事を委ねたいと考えている。本書が反駁されるという危険性はまったくないものの、理解されないという危険性は、おそらく存在するからである。わたしはもはや［本書をめぐる］論争にかかわりあうことはできなくなった。これからは批判というこの予備学に依拠して、［形而上学の］体系を構築してゆきたいと考えているが、その際には、わたしに与えられるすべての示唆に慎重に配慮しながら、賛成者の見解も反対者の見解も生かしてゆきたいと思う。

わたしはこの仕事に従事しているうちに、すでにかなりの高齢に達した（今月、わたしは六四歳を迎える)。そして思考する理性と実践的な理性の批判の正しさを確証するために、自然の形而上学と道徳の形而上学を構築する計画を立てているのであり、この計画を実現するためには、時間を節約しなければならないのである。本書のような著作には最初のうちは理解しがたいところがあるのは避けられないが、こうした分かりにくいところを解明したり、著作の全体を擁護したりする仕事については、本書の内容を会得した優れた方々の力に期待したいと考えるのである。

そもそも哲学の論文であれば、細部にはつねに批判の余地があるものである(哲学の論文は数学の論文のように完全に武装して発表することはできないからである)。しかし本書の体系の構造そのものを統一のとれたものとして考察するならば、この体系の構造はいかなる危険にも直面するものではない。新しい体系が提示された際に、その全体を概観することのできるほど熟達した精神の持ち主は少ないものである。そもそもこうした精神の持ち主は、およそ革新というものを考察するには不向きな人々であって、そうしたことに興味を示す人はさらに少ないものである。

またどんな著書でも、個々の部分をとりだして、全体の文脈から外れたところで比較するならば、矛盾していると思われるところを示せるものだ。[本書のように]とくに自由な形で議論を進めようとする書物では、こうした矛盾をみつけるのは、さらにたやすいことだろう。こうした矛盾は、他人の判断に頼る読者には、本書にとって不利な欠陥と思われるかもしれないが、本書の全体の理念を把握している読者には、矛盾とみえたものでも、すぐに解決できるはずである。

いずれにしても、明確に確立された理論であれば、その理論にたいする作用や反作用は、当初は大きな危険をもたらしたとしても、時間の経過とともに、その理論の凹凸を均《なら》すのに役立つものなのである。だから公正で、鋭い洞察に恵まれ、ほんとうの意味での大衆性をそなえた人々が、そのための作業にたずさわってくれるならば、ごく短い期間のうちに、本書に必要とされている洗練をもたらしてくれることだろう。

V17n　**修正点について**

（注）ほんらいの意味で［初版と比較してこの第二版が］増加したところは、証明方法だけにかかわる部分であり、二七三ページにおいて、(50)心理学的な観念論を新たに論駁し、外的な［事物の］直観の客観的な実在性について厳密な証明を示したところだけ

である（わたしはほかには証明しようがないと考えている）。形而上学の本質的な目的からみると、観念論は無害なものと考えられるかもしれない（実際には無害ではないのであるが）。しかし［外的な事物の直観の客観的な実在性については］わたしたちの外部にある事物の現実存在をたんなる信仰に依拠しなければならないとすれば、そしてそのことを疑い始めた人に納得のできる証明を行うことができないとすれば、それは哲学の醜聞《スキャンダル》であるだけでなく、人間の一般的な理性にとっても醜聞《スキャンダル》と言うべきことだろう（そもそもわたしたちは内的な感覚のすべての認識の素材を、外的な事物から受けとっているのである）。

前記の二七三ページの三行目から六行目までの証明の表現がかなり分かりにくいので、この部分を次の文章に差し替えていただきたい(51)。「この持続するものは、わたしのうちにある直観ではありえない。わたしの現実存在を規定するすべての根拠は、わたしの内部にみいだすことができるが、この根拠は［直観した］像にすぎないのであり、こうした像であるために、それとは異なる持続するものを必要とするのである。そして時間のうちにおけるわたしの現実存在は（この像は時間のうちで変動するのであるから）、こうした像の変動とこの持続的なものとの関係において規定することができるのである」。

この証明にたいして、おそらく次のような反論が示されるに違いない。わたしが直接に意識しているものは、わたしの内部にあるものだけであるが、それは外的な事物についてのわたしの像にすぎない。だから「わたしが像をもつとしても」その像に対応する事物がわたしの外部に存在するかどうかは、まだ確定されていないのではないか、と。

しかしわたしは自分の現実存在を、時間のうちで、内的な経験によって意識しているのである（だからわたしの現実存在が時間のうちで規定されうることを、同じく内的な経験によって、意識しているのである）。これはわたしがたんに自分で心に思い描いたわたしの像を意識していることだけを意味するのではないのであり、わたしの現実存在の経験的な意識を意味するものである。この経験的な意識は、わたしの外にある何か、しかもわたしの現実存在と結びついている何かとの関係によってしか、規定されることがないのである。

だから時間におけるわたしの現実存在についてのこの意識は、わたしの外にある何ものかとの関係についての意識と同一のものとして結びついているのである。このように外的なものをわたしの内的な感覚能力と分かちがたく結びつけているものは経験であって「勝手に思い込んだ」仮構ではないし、感覚能力であって想像力ではないのである。なぜなら外的な感覚能力はすでに、わたしの外にある何か現実的なものと直観との関係なのであり、外的な感覚能力の実在性は、想像力の場合とは異なって、それがわたしの内的な経験と分かちがたく結びついていることだけに依拠しているのであり、内的な経験の可能性の条件そのものとなっているからである。

わたしのすべての判断と、知性のすべての作用には、わたしは存在するという「直観の」像が伴うものであるが、この像にはわたしはみずからの現実存在を知的に意識するのである。もしもこの知的な意識と、知的な直観によるわたしの現実存在の規定を結びつけることができるのであれば、その規定のうちに、わたしの外にある何ものかとの関係についての意識が必然的に含まれている必要はないはずである。しかしこの知的な意識は「判断や知性の作用などに」先立つものであるが、内的な直観は（わたしはみずからの現実存在をこの直観のうちでしか規定できない）感覚的なものであって、時間という条件と結びついているのである。ところでこうした「わたしの現実存在の」規定とそして内的な経験そのものは、わたしの内部には存在せず、わたしの外部の何かに存在する〈持続的なもの〉に依存しているのであり、わたしはみずからをその〈持続的なもの〉との関係において考察しなければならないのである。だから外的な感覚能力の実在性は、内的な感覚能力の実在性と必然的に結びついているのであり、そのことによって経験一般は可能になるのである。だからわたしは自分の外部に、わたしの感覚能力とかかわる事物が存在することを確実なこととして意識するのであり、それはわたしが時間のうちで規定されるものとして現存するという意識と同じように、確実なのである。

　しかしわたしに与えられた直観の［像の］うちのどれに、わたしの外にある現実の客体が対応するのか、その客体が外的な感覚能力に属するものであって、想像力によって生みだされたものではないのかということは、経験一般を（内的な経験を含めて）想像力の働きと区別するための規則に基づいて、個々の事例ごとに区別しなければならない。そしてその際につねに、「外的な経験というものが実際に存在する」という命題を土台としなければならないのである。

　これには次のような指摘を加えることができよう。すなわち現実存在のうちの持続的なものについてわたしたちが心に描く像は、心のうちに持続的に存在する像とは異

XLI

なるものだということである。〈持続的なもの〉の像は、わたしたちが思い描くすべての像と同じように、そして物質の像と同じように、変動しやすく、変動するものではあるが、それでも何らかの〈持続するもの〉と結びついているのである。だからその〈持続するもの〉は、わたしが思い描くいかなる像とも異なるものであって、外的な事物でなければならない。そしてこの外的な事物が現実存在することは、わたしの現実的な存在の規定のうちに必然的に含まれているのであり、この規定とともに、唯一の経験を構成するのである。この経験が、（部分的に）同時に外的なものでないとしたら、経験そのものが内的にも発生することはありえなかっただろう。しかしそれはどのようにして可能になるのだろうか。そのことについては、もはや説明することはできない。わたしたちが一般に時間のうちに不動なものとして存在するものをどのようにして思考するかを説明できないのと同じ理由によってである（この不動なものが変動するものと同時に存在するときに、変化という概念が生まれるのである）。

ケーニヒスベルク　一七八七年四月

補遺

序文（初版）

R01　理性の宿命

人間の理性のある種の認識には、特別な宿命のようなものがある。理性は拒むことのできない問いに悩まされ続けているのである。この問いは、理性の本性そのものから課された問いでありながら、理性はそれに答えることができない。それが人間の理性のすべての能力を超えた問いだからである。

R02　理性の闘争の場

この苦境に陥ったのは、理性の責任ではない。理性が手始めに利用する原則は、経験において使用せざるをえない原則であり、しかも経験において十分に確証されているものである。そして理性はこの原則を使用しながら、ますます高みに上昇し（高みに上昇することは、理性の本性なのである）、遠くかけ離れた条件にまで到達するのである。

しかしこのような形では問いそのものがなくなることはないので、人間の理性は自分の仕事に終わりがないことに気づく。そこで理性は、ありうるすべての経験的な使用を超越してはいるが、それでいて人間の常識的な理性でも了解することができるため、それほど疑わしいと思われないような原則に逃避する必要があると感じるのである。

しかし理性はそのために曖昧さと矛盾のうちに陥ることになる。理性はどこかに誤謬がひそんでいるに違いないと推定することはできるのだが、それを発見することはできない。理性が使用している原則が、すべての経験の境界の外に出ているために、経験という〈試金石〉をもはや認めなくなるからである。この果てしない闘争の場こそ、形而上学と呼ばれるのである。

AⅧ

R03

形而上学の悲劇

かつて形而上学は、すべての学の女王と呼ばれたこともあった。もしも意志することが行為することと同じであれば、形而上学はその「取り扱おうと意志する」対象がきわめて重要なものだっただけに、この「女王という」敬称に値したのである。しかし現代では形而上学にあらゆる種類の軽蔑を示すことが流行になっている。この老婦人は追放され、見捨てられ、ヘカベのように、嘆くのである――それまでは最高の権力をもち、大勢の婿や子供たちをしたがえて支配していたが、いまでは故郷を追われ、みすぼらしくも引きたてられてゆく（オウィディウスの『変身物語[52]』）。

R04

形而上学の暗夜

形而上学の支配は最初は独断論者によるもので、専制的だった。しかしその立法にはまだ古代の野蛮な面影がそなわっていたため、いくたびかの内乱を経て、次第に完全な無秩序に堕落した。そして土地が安定して拓かれることを嫌う遊牧民のような懐

AIX

疑主義者たちが、ときおり市民の統一を乱したのだった。しかし彼らは幸いなことに少人数だったので、独断論者たちが、たとえ一つの計画に意見がまとまることはなかったとしても、形而上学をふたたび改造し直す試みは、妨げられなかったのである。

近代では、人間の知性についてのある種の自然学（高名なロックの理論である）によって、いったんはこれらの争いがすべて解決されてしまい、形而上学の要求の合法性［の否定］についての議論が決定されたかにみえたのである。そして形而上学は女王と自称するものの、通俗的な経験という卑しい民の生まれであるから、女王と名乗るのは僭越であると疑われても当然であるとされたのだが、こうした系譜はじつは偽造されたものだった。そこで形而上学はその要求を取り下げることなく、ふたたびすっかり古びて虫食いだらけの独断論に陥り、形而上学をそこから救い出そうとした人々の軽蔑的なまなざしのもとに置かれたのである。

現代では（一説によると）あらゆる道が試みられたが、すべて無駄に終わったのであり、いまやこの学問を支配するのは、倦怠と、まったくの無関心である。これは学問における混沌《カオス》と暗夜の母であるが、［学者たちの］的はずれの熱心な営みのために、この学がかえって暗く、混乱し、使い道がなくなったのだとしても、いずれはこの学を作り直し、開明的なものにするための源泉に、あるいは少なくともその序曲になるのである。

R05　理性の法廷

人間がその自然の本性のために、どうしても無関心ではいられない事柄についての研究［である形而上学］に、どれほど無関心を装ったとしても、無駄なことなのである。自分は形而上学には無関心であると装った人々が、学問的な言葉遣いを［わかりやすそうな］通俗的な調子に改めて、どれほど自分の正体をごまかそうとしたところで、何かについて考えようとすると、あれほどまでに軽蔑的な口調で語っていた形而上学のもとに、戻らざるをえないのである。

ところが［このように人々が装った］無関心な様子が流行したことは、注目と省察に値する現象である。それというのもこの無関心が、さまざまな学問が開花するさなかで発生したものであり、そしてもしも手にいれることができるのであれば、万人が手に入れたいと願い、どうしても手に入れることを諦めきれない知識についての学に向けられたものだからである。
　この無関心は、軽率さから生まれたものではなく、もはや外見だけの学問ではごま
かされることのない現代の成熟した判断力から生まれたものである（注）。この無関 AXI
心は理性にたいして、あらゆる任務のうちでもっとも困難な自己認識の営みにふたた
び着手することを、そしてそのために一つの法廷を設けることを求めるものなのであ
る。この法廷の役割は、理性が妥当な要求を示す場合には理性を堅固なものとするが、
根拠のない越権を示す場合には、強権をもってではなく、理性の永遠で不変な法則に
よって、これを退けることにある。この法廷こそが、純粋理性批判である。 AXII

R05n　批判の時代

（注）現代の思考方法は底が浅いとか、根本的な学問が衰退していると嘆く声を耳にすることが多い。しかしわたしは、土台のしっかりした学問、すなわち数学や自然研究には、こうした非難はあてはまらないと思う。これらの学問は、以前から根本的な学であるという評価をうけていたし、自然研究はそれを凌駕しているほどだと思う。

その他の種類の［学問の］認識方法においても、それぞれの原理に適切に手を加えれば、同じ［根本的な学問にふさわしい］精神が発揮されるようになるはずである。しかしこうした修正が行われない場合には、無関心と疑念のほうが、さらには厳しい批判のほうが、根本的な思考方法を示すものとなりかねない。

わたしたちの時代はそもそも批判の時代であって、すべてのものが批判されるべきなのだ。一般に宗教はその神聖さによって、立法はその権威によって、批判を免れようとする。しかし批判を免れることでかえって、みずからに疑惑を招くことになり、真正な尊敬を要求できなくなりかねないのである。というのは理性は、自由で開かれた吟味に耐えることのできたものだけが、真正な尊敬をうけることを認めるものだからである。

R06　形而上学の批判

わたしがここで考えている批判とは、書物や体系の批判ではなく、理性の能力全般についての批判である。いかなる経験ともかかわりなく、理性が獲得しようとしているすべての認識を、批判しようとするのである。この批判は、形而上学一般がそもそも可能なのか、それとも不可能なのか、形而上学の起源およびその範囲と境界はどのように規定されるかを、すべて原理に基づいて考察しようとする。

R07 批判の達成したこと

わたしは、まだ残されている唯一の道であるこの［批判の］道を進むことを選んだ。理性はこれまで、経験にかかわりなく使用されたために、みずからと不和になっていたのであり、わたしは批判によってこうした錯誤を取り除く方法をみいだすことができたと自賛するものである。わたしは人間の理性の能力の欠如を口実として、理性が直面しているさまざまな問題を回避するようなことはしなかった。こうした問題のすべてを、原理にしたがってすべて列挙し、理性がみずからについて誤解しているところを発見した後に、理性が完全に満足できる形で、こうした問題を解決したのである。こうした問題の解決方法は、独断論に熱中するような好奇心の強い人々が期待していたようなものではなかったかもしれない。そもそもこの好奇心というものは、わたしにはとうてい理解できない魔力によらなければ、満足させることができないものである。しかしこれ［好奇心を満足させること］は人間の本性によって定められた理性の意図するところではない。哲学のはたすべき義務は、［好奇心を満たすことではなく］誤解のために生まれた幻影を取りのぞくことにあるのである。それによって人々から称賛され、愛好されている幻想が崩壊したとしても、それはやむをえないことだろう。

この営みにおいてわたしが何よりも重視したのは、批判に手落ちがないようにすることだった。ここで解決されなかった形而上学の課題は、あるいは少なくとも解決のための手掛かりが示されなかった形而上学の課題は、一つもないと自負するものである。実際に純粋な理性は完全に統一されたものであるから、理性が示す原理が、理性の自然の本性によって課せられた問題を一つでも解くことができなかった場合には、その原理はすぐに捨てさってよいのである。［ある問題を解くことができなかった］その原理は、他の問題を解くことができるという十分な信頼をえることはできないだろうから。

R08

批判のプロジェクトの謙虚さ

このように不遜なまでに高慢なわたしの言葉を読まれた読者の顔には、軽蔑をまじえた不快の表情が浮かんでいるのではないだろうか。しかしごく［大衆向けの］通俗的な計画を立てながら、霊魂の単一性とか、世界の端緒の必然性を証明したと自称する著者たちの主張と比較すると、わたしのこの主張はごくつつましいものなのである。こうした著者たちは、人間の認識を、可能な経験の境界を超越して拡張すると主張するのであるが、わたしはこのようなことは、自分の能力の及ばないものであることを、謙虚に認めるからである。わたしが考察の対象とするのは、理性自身と理性の純粋な思考だけであって、自分の外部に、その詳細な知識をあちこち探し求める必要はないのである。というのも、わたしは自分の内部にこうした知識をみいだすからである。理性のすべての単純な働きが［わたしの内部において］完全に、そして体系的に列挙されうることは、普通の論理学が模範的な実例を示してくれるのである。疑問があるとすれば、それはわたしから経験のすべての素材と援助を取りさってしまうならば、理性だけでどれほどのことをなしうると期待できるかということだろう。

AXIV

R09　内容からみた批判に必要な二つの特性

個々の目的を実現するためには完全さが求められるし、すべての目的を実現するためには周到さが求められるのであり、これについてこれ以上は詳しく語る必要はないだろう。これは恣意的な配慮などというものではなく、わたしたちの批判的な探求の素材である認識そのものの本性が求めることなのである。

R10　形式からみた批判に必要な二つの特性

また認識の形式について求められるのは、確実さと明瞭さという特性であるが、これは［批判のような］面倒な営みにたずさわろうとする著者に当然求められる本質的な要件というものだろう。

AXV

R11　確実さについて

ところで［第一の要件である］この確実さについては、わたしはあらかじめ自分に次のように指示しておいた。この種の考察においては、自分の私見を述べることは決して許されないのであり、たんに見掛けだけでも仮説のように思われるすべての見解は〈禁制品〉である。こうした品はごく安価な値段でも売りにだしてはならず、発見された場合にはただちに差し押さえるべきである、と。アプリオリに確立されるべきすべての認識は、それが絶対に必然的なものとして認められることを望むと宣言しているからであり、そればかりかこの［絶対に必然的に妥当する］ことは、すべての必然的な（哲学的な）確実さの標準であり、模範であるべきアプリオリで純粋なすべての認識の規定なのである。

わたしがこの著書で、こうした主張を実際に実現したかどうかは、読者の判断だけに委ねられる。著者の仕事はさまざまな根拠を提示することであり、この根拠が裁き手である読者にどのような効果を発揮したかを判定するのは、著者の仕事ではない。ただし本書のいくつかの箇所が、［読者に発揮すべき］効果を知らずに弱めたり、読者に不信の念をひきおこしたりすることのないように（たとえその箇所が主要な目的にかかわらないとしても）、著者がみずから注意しておくことは許されることだろう。本書の主要な目的について、読者の疑惑を招くことがあったり、その判断に影響を及ぼしたりすることがあってはならないので、それを未然に防ぎたいのである。

R12　「純粋な認識力の根拠づけ」の部分の重要性と読者への注意

本書では、知性［＝悟性］と名づけた能力を根本的に解明し、この能力を使用するためのさまざまな規則とその境界を規定する作業を行っているが、そのためには本書の超越論的な分析論の［第一篇　概念の分析論の］第二章、「純粋な知性概念の根拠づけ」［＝純粋悟性概念の演繹］というタイトルをつけたところほど、重要な研究は考えられないのである。この研究はわたしに多大な苦労をもたらしたのであり、その苦労が報われないままでないことを願うものである。

この純粋な知性概念の根拠づけの研究は、深いところに根差したものであって、次の二つの側面をそなえている。第一の側面は純粋な知性の対象にかかわるものであっ

AXVI

て、純粋な知性のアプリオリな概念が、客観的な妥当性をそなえていることを確証し、明確にすることを目的としたものである。その意味ではこの側面は、本書の本質的な目的にかかわる。第二の側面は、純粋な知性が主観とのあいだでどのような関係にあるかを考察するものであり、純粋な知性そのものを、その可能性と、純粋な知性が依拠しているさまざまな認識能力とに基づいて解明するものである。この解明は本書の主要な目的にとってきわめて重要なものではあるが、本書の主要な目的そのものではない。本書の主要な目的は、知性と理性が、あらゆる経験から離れて、何を認識できるのか、そしてどの程度まで認識できるのかという［客観的な妥当性の］問題であって、思考する能力がどのようにして可能になるかという［主観的な能力の］問題ではないからである。

この第二の［思考する能力の］問題については、ある与えられた結果［思考］から、その原因［思考の能力］にさかのぼって考察することになるために、どうしても仮説のようにみえるものを含んでしまうのである（いずれ述べるように、実際には仮説ではないのだが）。その場合には、わたしには自分の私見を述べるのが許されるのと同じように、読者にも別の私見を述べるのが許されるべきだということになろう。そこで

AXVII

わたしはあらかじめ読者に注意を与えておかねばならない。もしも読者が「第二の主観的な問題にかかわる」主観的な根拠づけに、わたしが期待するほどは十分に納得できなかったとしても、本書の主要な目的である「第一の客観的な問題にかかわる」客観的な根拠づけは、その強みをまったく失わないのである。そのためには本書の九二ページから九三ページに述べたことで十分であろう。(53)

R13 明瞭さについて

さて最後に「第二の要件である」明瞭さについては、読者は概念による論証的な（論理的な）明瞭さを要求する権利があり、さらに直観による、すなわち実例の提示やその他の具体的な説明による直観的な（感性的な）明瞭さを要求する権利がある。第一の「論証的な」明瞭さについては、わたしは十分に配慮した。それは本書のわたしの本質的な意図にかかわるものだったからである。しかし思いがけずそのために、第二の明瞭さ、すなわちそれほど厳しいものではないが、やはり正当な「要求である直観的な」明瞭さが犠牲になってしまい、これに十分な配慮ができなくなったのである。

わたしは本書の著述を進めながら、つねにこの問題をどうすべきかと悩みつづけた。実例や説明はいつでも必要なものだと思うし、最初の頃の草案には、ふさわしい場所にいれておいたのである。しかしわたしはすぐに本書の課題の大きさと、取りあげねばならない対象の多さに気づいた。そして無味乾燥な、まったくの学者的な記述だけでも、本書がかなりぶ厚い著作になることがわかったので、「わかりやすい」通俗的な見地から必要になる実例や説明をいれて、この著作をさらに膨大なものとするのは、望ましくないと考えたのである。それにこの著作はどうしたところで通俗的に利用するのにふさわしいものにはなりえないのであり、学問的な仕事に精通している読者であれば、そのようなかみ砕いた記述はそれほど必要としないものである。こうしたかみ砕いた記述はつねに好ましいものではあるが、本書の場合には目的に反したものとなりかねないのである。

大修道院長のテラソン[54]は、書物の大きさをそのページ数ではなく、それを理解するために必要な時間の長さで計るとすれば、多くの書物について、これほど「ページ数からみて」短くなければ、「理解する時間は」もっと短くなったはずだと言えるだろうと、語ったことがある。しかし「本書のように」広範ではあるが、一つの原理に基づいてまとめあげられている思索による認識について分かりやすく説明するためには、まったく同じように次のようにも言えるはずである。多くの書物は、［実例や説明によって］あまりに明瞭にしようとしてなかったならば、はるかに明瞭になっていたはずである、と。

こうした補助手段はたしかに部分的には助けになるが、全体を理解するためには［読者の注意を］散漫にするものなのである。こうした補助手段があるために、全体をすばやく見通すことができなくなることがあるし、このように手段の［分かりやすさという］明るい色彩のために、全体の体系の構造や構成が塗りつぶされて、理解しがたくなってしまうことがある。ところが体系に統一があるかどうか、そしてその体系にどのような能力があるかを判定するためには、こうした構造や構成こそが何よりも重要なのである。

R14　形而上学の完成に向かって

もしも読者が、［ある書物に］示された計画にしたがって、重要で偉大な事業を完全かつ永久的に実現できるという期待をもてたならば、読者はおそらく著者と協力したいという大きな誘惑を感じるものだろう。ところで本書で示そうとする概念にしたがって理解するかぎりでは、さまざまな学問のうちで形而上学こそは、［読者と著者が］わずかでも一致して協力するならば、近い将来において完成することが期待できる唯一の学問なのである。形而上学が完成したならば、後の世代の人々に残された仕事は、教育という目的で、自分たちに望ましい形で体系を整備するだけであって、それによって内容はいささかも増大することはないのである。

というのも形而上学とは、純粋な理性によって与えられたわたしたちの財産のすべてを、体系的に組織することで作られた在庫目録にすぎないからである。わたしたちがここで何かを見落とすことなどはありえない。理性が全面的に自己のうちから生みだすものは（こうしたものに共通する原理がみいだされるならば）、隠されたままではありえず、理性によっておのずから明るみにだされるからである。

この種の認識は［こうした原理のおかげで］完全な統一を作りだしているのであり、しかも純粋な概念によって統一されているものである。だからいかなる経験も、また特定の経験を生みだすとされている特別な直観すらも、こうした統一を拡張し、増大させるために、みずからの影響力をわずかでも行使しえないのである。こうした認識の統一こそが、形而上学を無条件に完璧なものとするのであり、さらに完璧であることを必然的なものとするのである。「君の住まいを眺めてみよ、持ち物がいかに簡素なものかが、わかるだろう」（ペルシウス）というわけである。[55]

R15 残された課題

わたしはそのような純粋な（思索に基づく）理性の体系を、いずれ『自然の形而上学』というタイトルの書物として発表したいと考えているが、その書物は本書と比較すると、対象の豊富さは半分ほどではあるが、内容は比較にならないほどに豊富なものとなるだろう。本書での批判はまず、このような「自然の」形而上学の源泉と、それが可能となる条件を示す必要があったし、雑草がはびこる地面を掃除して、平らに均す必要があったのである。これについては本書の読者にはまず裁判官としての忍耐力と公平さを期待したいし、さらには右のような体系を構築するために、援助者としての好意と助力を期待したいのである。この体系のために必要なすべての原理は「本書の」批判のなかに述べられているが、体系をさらに完全なものにするには、体系のうちに、いかなる派生的な概念も抜け落ちていてはならない。こうした派生的な概念の数は、アプリオリに見積もっておくことはできないのであって、順次探しだす必要がある。［本書の］批判においては、さまざまな概念の全体を総合する試みを完全になしとげたのであるが、この体系においてはまだ分析する試みをやり終える必要がある。しかしこれはたやすいことであり、仕事というよりも、娯楽に近いものである。

R16　誤植と表の配置について

印刷についていくつか注意しておくべきところがある。印刷の開始がかなり遅れたために、わたしはゲラの半分ほどしか、目を通すことができなかった。目を通したところにいくつか誤植を発見したが、三七九ページの下から四行目のskeptisch［懐疑的に］という語は、正しくはspezifisch［種別的な］である。それを除くと意味が分からなくなるような誤植はない。また四二五～四六一ページの「純粋理性の二律背反《アンチノミー》」のところは、表形式で記載した。つまり正命題の部分は左ページ［本訳書では上半分］に、反命題の部分は右ページ［本訳書では下半分］にくるようにして、そのまま読みつづけられるようにした。正命題と反命題を容易に対照させながら読み進められるようにしたかったからである。

序論（初版）

第一節　超越論的な哲学の理念

P01　経験の意味、アプリオリとアポステリオリ

人間の知性が、感性によって与えられた感覚的な生《なま》の素材に働きかけて作りだした第一の産物が、経験と呼ばれるものであることは、疑問の余地のないほどに明らかなことである。だから経験こそが、わたしたちに何かを教えてくれる最初のものである。わたしたちは経験しつづけることによって、新しいことをかぎりなく学ぶのである。だからこれから生まれてくる世代の人々の連綿とつづく生活において、この経験とい

う土壌のもとで集められる知識に事欠くことはないだろう。

しかしわたしたちの知性は、この経験という唯一の領域に閉じ込められてはいない。たしかに経験はわたしたちに、そこに何が存在するかを教えてくれるが、それが必然的に存在しなければならないことは教えてくれないし、ほかのありかたではなく、まさにそのように存在しなければならない理由も、教えてくれないのである。だから経験はわたしたちに、真の意味で普遍的なものを与えてくれることはない。そして人間の理性は、こうした普遍的な認識の方法を強く希求するものであるから、経験によって満足することはなく、むしろ経験によって刺激されるのである。

このような普遍的な認識というものは、同時に内的な必然性という性格をそなえているものであり、経験に依存せずに、それだけで明晰で確実なものでなければならない。だからこうした認識は、アプリオリな認識と呼ばれる。これとは反対に、経験だけから借用される認識は、一般に呼ばれているように、アポステリオリにのみ認識されるとか、経験的にのみ認識されるというのである。

P02　アプリオリな認識の存在

ところで、わたしたちの経験そのもののうちにも、じつはアプリオリな起源をそなえた認識が混じっていること、そしてこうした認識は、わたしたちが感覚能力で心に描いた像［＝表象］の全体的な関連を作りだす役割をはたしているだけであることは明らかであり、これはじつに驚くべきことなのである。というのは、感覚に属するものをわたしたちの経験からすべて取りのぞいたとしても、いくつかの根源的な概念と、こうした概念によって作りだされた判断がまだ残っているのであり、これらはまったくアプリオリなものであり、経験に依存せずに成立していたに違いないからである。わたしたちはこうした概念や判断によって、感覚に現れた対象について、たんなる経験によって教えられる以上のことを語ることができる（少なくとも語りうると考える）のである。このように語られたものには、真の普遍性と厳密な必然性が含まれていて、これは経験的な認識によってはえられないのである。

P03　経験の限界を超越する認識

それだけではない。特定の認識のうちには、すべての可能な経験の〈場〉を離れようとするものがあり、こうした認識は経験のすべての限界を超えるところまで、わたしたちの判断の範囲を拡張しようとするようにみえる。そしてこうした認識はそのために、経験のうちには対応する対象がまったく存在しえない概念を利用するようになるのである。

P04　この種の認識の重要性

この種の認識は、感覚的な世界を超えたものであって、経験が導きの糸を示すことも、誤りを正すこともできない認識である。そしてわたしたちの理性は、まさにこのような認識を探求しようとする。こうした探求は、その重要性から考えて、わたしたちの知性［＝悟性］が現象の〈場〉で学びうるすべてのものから卓越した性格のものであり、その究極の目的も、はるかに崇高であると考えられる。そしてわたしたちはたとえ錯誤を犯す危険があるとしても、このような大切な探求のためにすべてを賭けようとするのであって、それが疑わしいという理由から、あるいはそれを軽視したり無視したりすることで、これを放棄することは決してないのである。

P05 理性の誤謬

しかしわたしたちとしては、どのようにして獲得したのかも不明な認識と、どのようなものを起源としているかも不明な原則を信用して、経験の領域を離れるとすぐに、一つの建物の建設を始めるべきではないだろう（まだこの建造物の土台を、あらかじめ詳細な研究によって確かめることもしていないのだ）。むしろ次のように問い掛けるほうがもっと〈自然なこと〉のように思われるのだ。すなわち、知性はこのようなアプリオリな認識のいっさいをどのようにして獲得したのだろうか、このアプリオリな認識にはどのような範囲があり、妥当性があり、価値があるのだろうか、と。

実際にこの〈自然なこと〉という言葉を〈正当に、そして理性的に行うこと〉という意味で解釈するならば、これほどに自然なことはないだろう。しかしこの言葉をふつうの意味で「ごく当然なことと」解釈するならば、この探求がこれほど長いあいだにわたって放置されてきたことほど、自然で明白なことはないのである。というのも、このアプリオリな認識に含まれる数学的な認識が、昔から確実なものとして信頼されてきたために、その他のアプリオリな認識までもが、「数学的な認識とは」まったく異なる性質のものでありうるにもかかわらず、「これと同じように確実なものとして信用されるはずだと」自分に都合のよいことを期待しているからである。

さらにひとたび経験の圏域から超出してしまえば、経験によって反駁される心配はなくなる。自分の認識を拡張することの魅力は非常に大きなものであり、はっきりとした矛盾に直面しないかぎり、その拡張の営みを妨げうるものはない。そしてわたしたちが虚構を作りだす際に慎重に配慮しさえすれば、こうした矛盾に直面するのは避けられるのである（ただしそれが虚構であることに変わりはない）。数学という学問は、わたしたちが経験から独立して、アプリオリな認識をどこまで広げることができるかを、きわめて明瞭に示してくれる実例である。数学は、対象と認識が直観のうちに示される範囲にかぎって、対象と認識を取りあつかう。しかしこのことはすぐに忘れられてしまう。というのも、こうした直観はアプリオリに与えられうるので、たんなる純粋な概念とほとんど区別できなくなってしまうからである。

このように数学の証明によって理性の威力に鼓舞されるため、［わたしたちはこの威力に心を奪われてしまうのであり、認識を］拡張しようとする衝動には、限界がなくなるのである。身軽な鳩は、空中を自由に飛翔しながら空気の抵抗を感じ、空気の抵抗のない真空の中であれば、もっとうまく飛べるだろうと考えるかもしれない。プラトンも同じように、感覚的な世界が知性にさまざまな障害を設けることを嫌って、イデアの翼に乗り、この感覚的な世界の〈彼岸〉へと、純粋な知性の真空の中へと、飛びさったのだった。そしてプラトンは、その努力が彼の探求にいささかも寄与するものではないことに気づかなかったのである。［真空の中では］その上でみずからを支えたり、それに力を加えたりすることができるような、いわば土台となるいかなる抵抗もないために、知性を働かせることができなかったのである。

しかし思索にふける人間の理性にとっては、自分の建造物をできるだけ早く建設してしまって、その後になってからやっと、建造物の土台が適切に構築されているかどうかを調べるという［転倒した］やりかたが、いわばごくふつうの〈宿命〉となっているのである。しかしそのときになると人間というものは、さまざまな言い訳を考えだして、建物の土台は強固なものだと言い聞かせてみずからを慰めたり、後になってから点検を実行することは危険であると、拒んだりするものなのである。

そしてわたしたちは建物を建設しているあいだも、［土台が適切なものかどうかについて］いかなる懸念も疑念も抱かずに、一見したところその土台がしっかりしたものであると、自己満足にふけるが、それには大きな理由がある。それは、わたしたちの理性の仕事の大きな部分、おそらく最大の部分は、わたしたちがすでに対象としている概念を分析することにあるためである。この概念の分析によってわたしたちはさまざまな認識を手にするが、こうした認識はこれらの概念において（まだ混乱した形ではあっても）すでに考えられていること［内容］を解明し、説明するものにすぎない。それでも形式という観点からみるかぎりは、こうした認識は新しい洞察として評価されるのである。しかしわたしたちのもっている概念は、その実質あるいは内容からみると、分析によって拡張されたわけではなく、たんに分解されたにすぎないのである。

この分析という手続きは、真の意味でアプリオリな認識をもたらすものであり、確実で有益な進捗をもたらすものであるために、理性はみずから気づくことなく、まったく別の種類の主張をこっそりと持ち込むのである。そして理性はすでに与えられている概念に、まったく無縁なアプリオリな概念をつけ加える。しかし理性がこのようなことをする理由はわたしたちには理解できないし、それだけにその理由を問うことも思いつかないのである。だからまず、人間の二つの認識方法について区別することから始めよう。

分析的な判断と総合的な判断の違いについて

P06　二つの判断の定義

主語と述語の関係について語っているすべての判断において、主語と述語の関係としては二種類の関係が可能である（ここでは肯定的な判断だけを検討する。後になって否定的な判断にこれを適用するのはたやすいことだからだ）。一つは述語Bが主語Aのうちにあり、Bという概念がこのAという概念のうちに（隠れた形で）すでに含まれている場合であり、もう一つはBという概念はまったくAという概念の外にあり、たんにこの概念に結びつけられているだけの場合である。最初の場合をわたしは分析的な判断と呼び、第二の場合を総合的な判断と呼ぶ。

分析的な（肯定）判断とは、述語と主語が同一性の原理によって結びつけられる判断である。そして総合的な判断とは、述語と主語の結びつきを同一性の原理によって考えることができない判断である。第一の分析的な判断は、解明的な判断とも呼べるだろうし、第二の総合的な判断は拡張的な判断とも呼べるだろう。

分析的な判断では、述語は主語の概念に新しいものを何もつけ加えず、たんに主語の概念を分析していくつかの部分的な概念に分解するだけである。そしてこの部分的な概念は、主語の概念において（混乱した形であっても）すでに考えられていたものなのである。これにたいして総合的な判断では、述語は主語の概念に［外から］つけ加えられるのであり、この述語は主語の概念のもとではまったく考えられていなかったものであり、主語の概念を分析しても、取りだすことができないものである。

たとえば「すべての物体は広がり［＝延長］をもつ」という命題を述べるとしよう。これは分析的な判断である。というのも、物体の概念と結びついている〈広がり〉という概念をみいだすためには、物体という主語と結びついている概念を超えて、外にである必要はないのである。ただ物体の概念を分析するだけで、すなわちわたしがつねに物体の概念のもとで考えている多様なものを意識するだけで、〈広がり〉という述語がこの〈物体〉という主語のうちにみいだされるのである。だからこれは分析的な判断である。

これにたいして「すべての物体は重さをもつ［重い］」という命題を述べるとしよう。この述語「重さ」は、たんなる物体一般の概念においてわたしが考えているものとは、まったく異なるものである。こうした述語をつけ加えることで、総合的な判断が生まれるのである。

P07

〈あるものX〉

この考察から、次のことが明らかになる。第一に、分析的な判断によっては、わたしたちの認識はまったく拡張されないのである。ただわたしたちがすでに所有している概念が分解されて、わたし自身にとって分かりやすいものとなるだけである。第二に、総合的な判断を下す際には、わたしは主語の概念のほかに、何かあるもの（X）

A008

を所有していなければならない。知性が主語の概念のうちに含まれていないある述語を、この主語の概念に属するものとして認識しうるためには、知性はこの〈何かあるもの〉に依拠しなければならないのである。

P08　Xとしての経験

経験的な判断または経験による判断の場合には、これについて困難な問題が生じることはない。この何かあるものXとは、わたしが概念Aによって思考する対象そのものについての十全な経験であって、概念Aはこの経験の一部にすぎないからである。というのも、わたしが物体一般という概念のうちにまだ〈重さ〉という述語を含めていなかったとしても、この概念は経験の一部であることによって、十全な経験を指示しているからである。だからわたしはこの同じ経験のその他の部分も、十全な経験の一部としてつけ加えることができる。物体という概念には、さまざまな特徴が含まれている。たとえば広がりがあること、侵入することができない不可侵入性という性格をそなえていること、ある形状をもつことなどである。そしてわたしはこれらの特徴を利用することで、物体という概念を前もって分析して認識することができるのである。次にわたしは、この物体という概念を取りだしてきた［過去の］経験を振り返ることで、わたしの認識を〈拡張〉してみると、この〈重さ〉という概念がつねに前記の物体の特徴と結びついていたことが理解できるのである。だから概念の外にあるあのXとは、経験にほかならないのである。重さという述語Bを［物体という］概念Aと総合することができるのは、この経験が基礎となるからである。

P09 アプリオリな総合判断の謎

しかしアプリオリな総合判断には、このような［経験という］補助手段がまったく欠如しているのである。わたしがAという概念に、Bという他の概念が結びついていることを認識するためには、Aという概念の外にでねばならないのだが、そのときにわたしは何に依拠しているのだろうか、この総合はどのようにして可能となるのだろうか。この場合にはわたしには、経験の〈場〉においてその根拠を探すという便利な方法を利用できないのである。

たとえば次の命題について考えてみよう。「すべての生起するものにはその原因がある」。この〈生起するもの〉という概念においてわたしは、あるものが存在していること、そしてそのものが存在するためには、ある時間がすでに経過していることなどを考えることができ、そこから分析的な判断を引きだすことはできる。しかし〈原因〉という概念は、この〈生起するもの〉とはまったく異なることを示している。この概念は〈生起するもの〉という概念が描きだす像には、まったく含まれないのである。

それではわたしはどうすれば、一般に〈生起するもの〉について、それとまったく異なったことを語ることができるのだろうか、そして〈生起するもの〉という概念にはまったく含まれていない原因という概念を、〈生起するもの〉に属するものとして認識することができるのだろうか。それでは知性が依拠するあの「あるもの」Xはいったいどのようなものだろうか。知性はこのXに依拠して、Aという概念の外にでて、しかもAという概念とは異質なある概念を、このAという概念と結びついたものとしてみいだすのである。

それは経験ではありえない。「生起するものには原因があるという」前記の原則は、経験が作りだすことができるよりもいっそう大きな普遍性によって、それが必然的なものであることを表現しながら、まったくアプリオリに、たんなる概念だけによって、原因という第二の概念の像［＝表象］を、〈生起するもの〉という第一の概念につけ加えたのである。そしてわたしたちのアプリオリな認識による思考が成立するかどうかは、究極的にはこのようなアプリオリな総合［が成立するかどうか］に、すなわち原則が拡張されるかどうかに依拠しているのである。というのは分析的な判断はきわめて重要であり、必要なものではあるが、概念を明確にするにすぎない［のであり、重要なのはアプリオリな総合判断である］からである。ただしこれは［すなわち分析的な判断によって、このように概念を明確にすることは］総合的な判断を確実で拡張されたものにして、この新たな開拓地を確保するためには、必要なことなのである。

P10　総合判断の謎

だからここにはある秘密が隠されているのである（注）。この秘密の謎を解かないかぎり、純粋な知性による認識の無限の領野において、確実で信頼できる進歩を実現することはできない。この謎を解くということは、しかるべき普遍性をもって、アプリオリな総合判断が可能であることの根拠を発見すること、それぞれの種類のアプリオリな総合判断を可能にする条件を洞察すること、それぞれの種類のアプリオリな総合判断の上位の類を構成する認識の全体について、その根源的な源泉と区分と領域と限界をみいだすことによって、一つの体系として規定すること、しかも簡略な輪郭線を描くだけではなく、どのように使用される場合にも過不足のないように、十全に規定することである。総合的な判断に固有の問題点については、ここではこの程度の考察でとめておくことにしよう。

P10n　過去の空しい試み

（注）昔の哲学者のうちの誰かが、この問題を提起することができていれば、現代にいたるまで［構築されてきた、独断論的な］純粋理性のあらゆる体系に、激しく抵抗することができたであろうし、［独断論的な体系を構築しようとする］多くの空しい試みが企てられることもなかっただろう。こうした企ては、そもそも何が問題になってい

るかを認識することもなく、場あたり的に行われてきたのである。

P11 超越論的な哲学の課題

これまで述べてきたすべてのことから、純粋な理性批判に役立てることができる特別な学の理念が生みだされる。ところでみずからのうちに異質なものがまったく混入していない認識は、〈純粋認識〉と呼ばれる。そしてとくに、そのうちにいかなる経験も知覚も混入しておらず、まったくアプリオリに可能である認識を、端的に純粋な認識と呼ぶのである。さて理性とは、アプリオリな認識のための原理を与えることができる能力のことである。だから純粋な理性とは、あるものをまったくアプリオリに認識することのできる諸原理を含む理性である。純粋な理性の道具《オルガノン》というものがあるとすれば、それはこうした諸原理を総括するものであろう。これらの諸原理を利用することで、すべての純粋な認識をアプリオリに獲得することができ、こうした純粋な認識を実現することができるのである。そしてこうした道具《オルガノン》を詳細に適用することで、純粋理性の体系が作られることになるだろう。

しかしこれは非常に骨の折れる仕事であるし、このようにして人間の認識を拡張することができるかどうか、拡張できるとすればどのような場合に拡張できるのかは、まだ確実なことではないのであるから、わたしたちはこれを、純粋理性と、その源泉および範囲を判定することだけを目指す、純粋理性の体系のための予備学《プロペドイティク》とみなすことができる。この予備学は学説《ドクトリン》ではなく、たんに純粋理性の批判《クリティック》と呼ばれねばならない。そしてこの予備学はまったく消極的に利用されるものであり、人間の理性を拡張するためではなく、純化するためだけに役立つもの、理性が誤謬に陥るのを防ぐものとなろう。これだけでもわたしたちには大きな利益となるのである。

わたしは、対象そのものを認識するのではなく、対象一般についてのわたしたちのアプリオリな諸概念を認識しようとする認識を、超越論的な認識と呼ぶ。このような諸概念の体系は、超越論的な哲学と呼ばれるべきであろう。しかしこの初期の段階においてこれを超越論的な哲学と呼ぶのは、ここでは誇大な呼びかたである。超越論的な哲学であれば、分析的な認識とアプリオリな総合認識を完全に含んでいなければならないが、ここで含めるには、本書の意図からして、あまりに範囲が広すぎるからである。わたしたちが分析することができるのは、アプリオリな総合の原理をその全体の範囲において洞察するために分析が不可欠で必要である場合だけだからである（そしてわたしたちがここで探求しているのは、アプリオリな総合の原理だけなのである）。わたしたちはこの研究を〈学説《ドクトリン》〉ではなく、超越論的な〈批判《クリティック》〉と呼ぶことができるだけである。それはこの学が認識そのものを拡張することではなく、認識の是正を目的としているからであり、すべてのアプリオリな認識に価値があるか、価値がないかを試す試金石となるべきだからである。わたしたちがいま試みているのは、このような研究なのである。この〈批判〉は、おそらくこうした一つの道具《オルガノン》を準備するものとなるだろうし、この道具がうまく作れないとしても、少なくとも純粋理性のための基準《カノン》を準備するものとなるだろう。そしてこの基準に基づいて、いつの日にか純粋理性の哲学の完全な体系を、分析的にも総合的にも記述できるようになるだろう。そしてこの体系の目的が、純粋理性の認識を拡張することにあるか、それをたんに制限することにあるかを問わないのである。

この体系が可能であるということ、そしてこの体系は、その全体の完成を望めないほど大規模なものにはなりえないことは、次のことに基づいて、あらかじめ推測することができる。すなわちこの体系が対象とするのは、「人間の外部に存在する」事物の本性ではなく（それはほんらい無尽蔵なものである）、事物の本性について判断を下す［人間の内部の］知性［＝悟性］であり、しかもこれがアプリオリに認識する場合にかぎられるからである。この知性はわたしたちの内部にあるもので、外部に探し求める必要はないから、その存在がわたしたちに隠されたものでありつづけることはできない。そしてどのように考えても、この知性の量はそれほどに大きなものではないから、完全に列挙し、その価値の有無にしたがって判定し、適切に評価することができるのである。

A013

第二節　超越論的な哲学の区分

P12　超越論的な哲学と批判

超越論的な哲学とは、ここではまだたんなる一つの理念であり、この学の理念のために、純粋理性批判はこの学のすべての設計を建築学的に、すなわち原理にもとづいて展開する必要がある。そしてこの学という建造物を構成するすべての部分の完全性と安全性を十分に保証する必要があるのである。

ただし〈批判〉はみずから超越論的な哲学と名乗ることはない。それは批判が完全な体系であるためには、人間のアプリオリな認識全体の詳細な分析を含む必要があるからである。たしかにわたしたちの批判も、ここで述べているような純粋理性を構成するすべての根本概念を列挙する必要がある。しかし批判ではこうした根本概念そのものを詳細に分析することも、この概念から派生した概念を完全に評価することも差し控えるが、それは次の理由からみても、妥当なことなのである。まず第一に、［根本概念を分析するのではなく］総合する手続きの場合には、［その正当性についての］疑念が存在するのであり、批判の全体がこの疑念を解明するために行われるのであるが、分析の場合には［総合の手続きにみられるような］こうした疑念が向けられないから、［こうした十全な評価は］当初の目的に沿わないのである。第二に、このような［根本概念の］分析と［その派生概念の］導出の作業が完全に行われるための責任を負うということは、本書の企画の統一性を損ねるものであり、本書の目的からはこうした責任は免除されてしかるべきなのである。こうした［根本概念の］分析の十全性について、そしていずれ［超越論的な分析論で］提示するアプリオリな概念の導出の十全性については、総合のための詳細な原理としてこうしたアプリオリな概念が提示された後に、その本質的な目的に欠けるところがないことが保証されれば、すぐにでも確認できるのである。

P13　批判の課題

こうして、純粋理性批判には、超越論的な哲学を構成するすべてのものが含まれることになる。だから純粋理性批判は超越論的な哲学の完全な理念ではあるが、まだこの学そのものではない。この批判で行われる分析の対象となるのは、アプリオリな総合認識を十全に判定するために必要な範囲にかぎられるからである。

P14　超越論的な哲学と道徳

この学［超越論的な哲学］の区分を決定するためのもっとも重要な基準は、経験的なものを含んだ概念が入り込まないようにすることにある。あるいはこの基準は、アプリオリな認識が完全に純粋なものであるようにすることだと、言い換えることができる。このため道徳の最高原則と根本概念は、アプリオリな認識ではあるが、超越論的な哲学には含まれないのである。というのは、［こうした道徳の最高原則と根本概念を考察するためには］快と不快、欲求と心の傾き、自由な選択意志など、すべて経験的な起源をもつ概念を、そこで前提しておかなければならないからである。このため超越論的な哲学は、たんに思索するだけの理性の哲学的な理論《ヴェルトヴァイスハイト》である。すべての実践的なものは、それが原動力となるものを含む場合には感情に関係するのであり、感情は経験的な認識の源泉に含まれるものなのである。

P15　超越論的な哲学の区分

一つの体系という一般的な観点にもとづいてこの学の区分を定めようとするならば、この学にはこれから示すように、第一に純粋理性の原理論を、第二に純粋理性の方法論を含める必要がある。それぞれの主要部門はさらに小さな部門に分割されるが、この分割のための根拠をここで示すことはできない。導入のためのこの序論としての役割においては、人間の認識には二つの〈幹〉があることを指摘しておくだけで十分であろう。この二つの〈幹〉は感性と知性［＝悟性］であり、これらはおそらく、まだわたしたちには知られていない一つの共通の〈根〉から生まれてきたものである。感性によって、わたしたちに対象が与えられ、知性によってこの対象が思考されるのである。

そして感性にはアプリオリな像［＝表象］が含まれているはずであり、このアプリオリな像によってわたしたちに対象が与えられるための諸条件が作りだされるのであるから、これは超越論的な哲学に含まれるものとなろう。こうして超越論的な感性論が、原理論の第一部門とならねばならないだろう。認識の対象は、ただ感性の条件のもとで与えられるのであり、その条件は、その対象が思考されるための［知性の］条件よりも前に考察しなければならないからである。

訳注

（1）ヴェルラムのベーコンは、フランシス・ベーコン（一五六一～一六二六）のことである。ラテン語ではフランキスクス・バコ、バコヌス・バロ・デ・ヴェルラミオ、バコ・デ・ヴェルラミオなどと名乗った。一六一八年に大法官に就任し、ヴェルラム男爵に叙任されたために、こう名乗ったのである。自然科学的で実験的な方法による学問の革新を願っていたベーコンは、一六二〇年に『自然誌・実験誌備録』を『ノヴム・オルガヌム』とあわせて『大革新』として刊行した。花田圭介『ベイコン』勁草書房、二八～三一ページを参照されたい。なおこの序は『ノヴム・オルガヌム』に掲載されたために、同書の邦訳（桂寿一訳、岩波文庫）の一九ページから三三ページで読める。該当部分は三二ページ。なおカントはラテン語で引用している。

（2）カール・アブラハム・フライヘル・フォン・ツェードリッツ（一七三一～九三）はプロイセンの国務大臣で、司法大臣や宗務兼文部大臣をつとめて、自由主義的な政策を採用した。カントに傾倒していて、ハレ大学に招聘しようとしている(一七七八年二月二八日付のカント宛て書簡)。

(3)初版では、次の段落から最後までは、次のようになっていた。

「思弁の生活を楽しむ者といたしましては、開明的で有力な判定者からのご賛同をいただくことは、こうした営みにたいする強い励ましとなるものであり、こうした励ましを期待するのは、穏当なことだと存じます。こうした営みは、世間の人々からみるとかけ離れたものであり、まったく誤認されているものではありますが、その成果はきわめて大きなものなのです。

このような判定者であり、かたじけなくもこうした営みに注目してくださる閣下に、わたしは本書を、そしてそのご庇護にわたしの学術に携わる者としての使命にかかわるすべての事柄を、捧げたいと思います。心からの敬意とともに。

閣下の従順なる

イマヌエル・カント

ケーニヒスベルク

一七八一年三月二九日」

（4）触発するという語は、刺激するとほぼ同じ意味と考えてほしい。

（5）ここで「像」と訳した語の原語はフォアシュテルングである。これは前に（フォア）置く（シュテレン）、思い描くという意味のフォアシュテレンという動詞から作られた名詞である。カントの翻訳ではこの語は「表象」と訳されることになっているが、本書ではこの訳語は使わない。表象という日本語はさまざまな意味で使われていて、カントの使った用語とはずいぶんかけ離れていることが多いからだ（東京大学教養学部の表象文化論のことを考えてほしい）。思い描かれたものとしては、触発してきた対象についての像と、その像についての観念が考えられる。これはここで言われている二つの道のそれぞれに対応した違いであり、感覚において思い描いたものは像となるだろうし、知性で考えたものは観念となるだろう。だからこの語は「像」あるいは「観念」と訳すが、必要に応じて［＝表象］という注をつけておくので、ほかの翻訳では表象と訳されていることを想起してほしい。またこの語には、思い描くという行為の側面と、思い描かれたものとしての観念や像という側面の両方の意味があるが、表象と訳してはその違いはわかりにくい。定訳というものには、そう訳していれば安心であるという思考を停止させる強い働きがあるものだ。あえて定訳を使わないのは、読者にも立ち止まって考えてほしいからだ。

（6）ここで「知性」と訳した語は、通常は「悟性」と訳される。理解する（フェアシュテーエン）からカントが作りだした名詞フェアシュタントの訳語である。「理性」は了解する（フェアネーメン）から作られた名詞フェアヌンフトの訳として定着しているので、本書でもこれは理性と訳すが、フェアシュタントに悟性という訳語は使わない。第一部の超越論的な感性論では、この語は認識する能力の意味で使われているので、ほぼ一貫して知性と訳す。なおカントはこの語を文脈でさまざまに使い分ける。たんなる認識と判断の能力のことではなく、理性の意味で使うことも多い。その場合には「理性」［＝悟性］と訳すことにする。たとえば段落071を参照されたい。

また感覚する能力であるジンリッヒカイトは、知性に合わせて「感性」という定訳を採用した。日本語の感性という語には、「豊かな感性」という表現に示されるような、感覚能力の卓越さの概念と、理性と対立した衝動や欲望の存在という意味が強く含まれるが、カントはあくまでも認識のための一つの能力と考えているので、注意が必要である。

（7）アプリオリとアポステリオリは哲学の術語としてすでに長年利用されてきたものであり、ここではそのまま使うことにする。ラテン語としては、アプリオリは「…の前に」であり、アポステリオリは「…の後で」である。語の意味は、カントがここで示しているように、アプリオリは「一切の経験に先立つ」ことを意味し、アポステリオリは「経験の後でのみ可能」であることを意味する。

邦訳ではアプリオリを「先天的な」とか「先験的な」と訳し、アポステリオリを「後天的な」と訳すのが通例であるが、「先天的な」と訳した場合には、それが「生得的な」という意味をもってしまう恐れがある。あるものがアプリオリであるかどうかは、人間にとって生まれながらに（先天的に）そなわっているかどうかを問うものではない。「先験的な」という訳語は妥当だが、これにあわせてアポステリオリの語を「後験的な」と訳すと奇妙な語となってしまう。

（8）不可侵入性とは、ある物質が堅固なものとして場所を占めていて、その場所にほかのものが入ろうとしても抵抗することを意味する。

（9）カントの概念のうちで混乱を招きがちな概念として直観（アンシャウウング）と

いう概念がある。直観はラテン語ではイントゥイティオという語で、デカルトでは、演繹のような推論によらなければ理解できないことと対比して、「すぐに疑問の余地なく理解できること」を意味する語である。日本語では直感という語があってまぎらわしいので注意が必要である。また直観という語には「観る」という意味が含まれるが、まなざしだけではなく、身体のすべての機能を使って、対象を看取するのである。時に直観という働きではなく、直観されたものを示すことがあり、そのときは具体像という訳語をつけている（016など）。

(10) ヨハン・アンドレアス・フォン・ゼーグナー（一七〇四〜七七）は、ドイツの物理学者、数学者で、一七五一年に液体の表面張力という概念を初めて提起した。カントが語っているのは、『計算術と幾何学についてのわかりやすい完全な講義』(Segner, Johann Andreas von, *Deutliche und vollständige Vorlesungen über die Rechenkunst und Geometrie*, 1747）であろうか。

(11) 批判（クリティック）という語はここで初めて登場する。このクリティックという語は、ギリシア語の「切り離す」クリネインから生まれたものであり、その後は判断する人（クリテース）という意味から、判定しうる（クリティクス）というラテン語が派生する。また一方では、「症状が危険な」というギリシア語クリティコスが派生した。前の派生語の系列から批判（クリティック）の語が生まれ、第二の派生語の系列から、危機（クリシス）の語が生まれたのである。

（12）「超越論的な（トランスツェンデンタル）」という語は、「超越的な（トランスツェンデント）」という語に基づいて、カントが哲学的な用語としてつくりだしたものである。ただしまったくの造語ではなく、超越（トランスツェンデンツ）という語の形容詞として使われないわけではなかった。ここでの定義は重要なので、確認してほしい。対象の認識そのものではなく、人間が対象を認識する方法そのものに、自己言及的にまなざしが向けられているのである。なお初版の定義は少し異なり、「対象そのものを認識するのではなく、対象一般についてのわたしたちのアプリオリな諸概念を認識しようとする認識を、超越論的な認識と呼ぶ」（P11）となっている。第二版のほうが行き届いた定義と言えるだろう。

（13）ここで「このような諸概念」と書かれているが、前の文に概念についての言及がないために奇妙にみえる。これは前述のように初版では、超越論的な認識の定義が「対象一般についてのわたしたちのアプリオリな諸概念を認識しようとする認識」（P11）と呼ばれていたものをそのままひきついだためである。

（14）オルガノン（道具）は、大工が家を建てようとして材木を削ったり、切ったりするときに使うカンナやノコギリのようなものと考えてほしい。これに対してカノン（基準）は、ギリシア語で物差しの意味であり、カンナやノコギリを使うための物差しのようなものである。オルガノンは材木からさまざまな製品を作りだすために実際に役立つものであるが、カノンは材木を正しく削り、切るために必要な尺度である。理性のオルガノンは、理性をさまざまな場所で活用して、認識を拡張するために役立つが、理性のカノンは、そのために理性が正しく利用されるべき基準となるものである。学問の分野ではカントは数学はオルガノンであり、論理学はカノンであると語っている。

（15）「建築学的に（アルヒテクトーニッシュ）」という語はカントが本書で重視する重要な概念である。ここではたんに体系の構築が含意されているだけではなく、その語源的な意味で、大工の棟梁の技術という意味が含まれている。アリストテレスは建築に携わる者をたんなる大工とその棟梁（アルキテクトーン）に分類した。たんなる大工は命じられたとおりに仕事をするだけであるが、棟梁は全体の建物の設計を熟知して、仕事の割り振りを計画する。棟梁は、原理（アルケー）に基づいて学問（アルキテクトニケー）を構築するのである。（アリストテレス『形而上学』第一巻第一章）

(16) 知性と感性については、訳注（6）を参照されたい。

(17) この感性論の構成は少し奇妙である。まず第一項がタイトルなしで登場し、次に第一章「空間について」が現れ、この章は第二項と第三項で構成される。その後に第二章「時間について」が現れるが、この章は第四項から第八項までで構成される。しかし第七項と第八項はこの部門の全体の総括であるから、この章に入れられるのは奇妙である。ほぼ次のような構成として読んでほしい。

第一章　序

第一節　直観について

第二章　空間について

第二節　空間の形而上学的な解明

第三節　空間の概念の超越論的な解明

前記の概念からえられる結論
第三章　時間について
第四節　時間の概念の形而上学的な解明
第五節　時間の概念の超越論的な解明
第六節　これらの概念からえられた結論
第四章　結論
第七節　説明
第八節　超越論的な感性論についての一般的な注
超越論的な感性論の結語

（18）直観という語については、訳注（9）を参照されたい。

（19）純粋な直観という概念はわかりにくい。これについては、本書の解説（三二二ページ）を参照されたい。

（20）ここで「感性の理論」としたのは、エステティークをカントの文脈に合わせて訳したものである。この語はドイツ語でもその他のヨーロッパ語でも美学とか美意識という意味で使われる。しかしカントが注のところで指摘しているようにギリシア語の伝統ではこれは「感覚されたもの」という意味をもっているのであり、バウムガルテンの伝統のために、ドイツではこの「由緒正しい」意味の響きが残っているのである。なおこの趣味判断とアプリオリな法則の問題は、カントの『判断力批判』で詳細に検討されることになる。

(21) アレクサンダー・ゴットリープ・バウムガルテン(一七一四〜六二)は、ライプニッツ/ヴォルフ学派の重要な哲学者で、著書『美学』(一七五〇年)によって、美学を哲学のひとつの分野として独立させるという大きな功績を残した。カントはバウムガルテンの『形而上学』を教科書として利用しており、美学だけでなく、形而上学の分野でも大きな影響を受けている。

(22) 「感覚能力」はジンの訳であり、通常は「感官」と訳される。外的な感覚能力は「外官」、内的な感覚能力は「内官」と訳されるのが通例である。ただしこれらの訳語は人間の感覚器官を意味するようにみえるので、器官と能力の両方を意味しうる「感覚能力」という訳語を使っている。ジンのほんらいの意味は、「感覚、意味」である。

(23) カントは心を示すために、意識という心理学的な意味の文脈ではゲミュートという語を使い、霊魂の意味ではゼーレを使うが、厳密な区別ではない。

(24) 空間と時間についてのこの問いは、当時の空間・時間論についての代表的な理論を要約したものである。空間と時間は事物の「関係」であるとみなすのが、ライプニッツ派であり、物自体と考えるのがニュートン派であり、「直観の形式にいわば付着したようなもの」と考えるのが、カントの批判哲学である。解説を参照されたい。

(25) 初版ではこの二の次に、以下の「三」が入っていたが、第二版では削除された。このため以下の解明で、番号が一つずつずれることになる。

「(三)すべての幾何学の原則に必然的な確実性がそなわっているのは、そして幾何学の原則をアプリオリに構成することができるのは、このアプリオリな必然性が存在するからである。もしも空間という像が、一般的な外的な経験からつくられ、獲得されたアポステリオリな概念であったならば、数学的な規定の最初の諸原則は、知覚にすぎないものとなってしまうだろう。そしてこれらのすべての原則は、知覚にそなわるあらゆる偶然性をそなえたものとなってしまうだろう。すると二点間を結ぶ直線は一本しか引くことができないということも必然的なものではなくなってしまい、そのたびに経験によって教えられなければならなくなるだろう。経験から借用した事柄には、帰納に基づく相対的な普遍性しかそなわっていないのである。だから［空間については］これまでのところ三つの次元をそなえた空間しか発見されていないことしか、語りえないことになってしまうだろう」

(26) この概念の「もとに」と「うちに」についてのカントの説明は少しわかりにくい。訳文では敷衍することができないので、ここで補っておく。ある概念とは、さまざまな対象を「共通の特徴を示すものとして」選びだし、抽象した一般的な観念である。動物という概念には、鳥や獣や昆虫や人間などのさまざまな種類のものが含まれ、獣の概念はさらに哺乳動物や爬虫類の概念に細分化され、哺乳動物はさらに人間や犬や猫に細分され、犬には過去、現在、未来の無限の個体が含まれうる。だから犬という概念は、こうした無数の犬の個体に共通な特徴として思い描くことができるし、逆にみずからの「もとに」無数の犬の個体を含めるものとして考えることもできる。しかし概念は共通の特徴を示すものとして、無数の個体の像のうちに抽象的に考えられたものにすぎず、その概念の「うちに」無数の個体を含めることはできないのである。小鳥や猫の個体は、犬の概念という「共通の特徴」を示していないからである。しかし空間という像は、このような共通の特徴によって抽象するという性格のものではなく、さらに無数の小さな部分に分割することができるし、すべての個体を無差別に、しかも同時に「みずからのうちに」含めることができる。だから空間は直観であって、概念ではないのである。

(27) 初版ではこの項目はいくらか異なる表現を使っているので、以下に訳しておく。「五　空間は与えられた無限の大きさ《グレーセ》として心に思い描かれる。一フィートであろうと、一エレであろうと、空間の一般的な概念は、大きさ《グレーセ》については、何も規定しない。人間が直観を無際限につづけることを想定しないかぎり、関係についてのどんな概念も、無限性という原理をともなうことはできないのである」(ここでエレはドイツの昔の尺度(五〇～八〇センチメートル)である)

(28) 本訳書の段落014～020。

(29) 本訳書の段落006～007。

(30) 空間も時間も、直観のための形式的な条件であるとともに、直観とも呼ばれることに注意してほしい。直観という語には、直観する作用という動詞的な意味とともに、直観された内容という名詞的な意味が含まれていて、カントは区別なくこの語をつかう。空間も時間も、直観された対象のうちに与えられたものではなく、直観を可能にする作用であり、そのための形式的な条件である。

(31) 初版ではこの段落のつづきは次のようになっていた。カントは文章を切り詰めるために差し替えたのだろうが、初版の説明のほうが味がある。

「だからこれらすべての外的な現象の主観的な条件は、他のどのような像とも比較することができないのである。あるワインのおいしさは、そのワインを味わう主観の感覚能力のある特殊な性質に属するものであって、そのワインのもつ客観的な規定ではないし、現象とみなされた客観の規定でもないのである。あるいは色彩は、物体の特性ではなく(人間は物体を直観することで、こうした特性を認識する)、たんに光によって特定の形で触発された視覚的な感覚の変化にすぎないのである。

これとは反対に空間は、外的な客観の条件であって、こうした外的な客観の現象にも、その直観にも必然的なものとして伴うものである。味や色彩は、ある対象がわたしたちの感覚能力の客体となるために必然的に伴う不可欠な条件ではない。味や色彩はたしかに現象と結びついてはいるが、それは［人間の味覚や視覚などの］特殊な器官に偶然につけ加えられた影響にすぎない。だから味や色彩は、アプリオリな像ではなく、感覚に基づいたものである。おいしい味というものは、人間の感覚の働きによって生まれた快と不快の感情に基づいたものなのである。

どんな人でも、ある色についてアプリオリな像をもつことはできないし、何らかの味のアプリオリな像をもつこともできない。しかし空間は、直観が行われるための純粋な形式であり、経験的なものである感覚的なものを、そこにまったく含んでいないのである。物体の形状の概念や、物体の相互の関係という概念が成立するためには、すべての種類の空間と、すべての種類の空間的な規定を、アプリオリに心に思い描くことができる必要があり、そうであるべきなのである。事物がわたしたちにとって外的な対象となることができるためには、空間が存在しなければならない」

（32） これは、第三項「空間の概念の超越論的な解明」のところを指す。本訳書の段落045～048。

(33) 初版では最後の一文は次のようになっていた。「だから［時間の］全体的な像はたんに概念によって与えられるものではなく（というのは、その場合にはさまざまな部分的な像が先行することになるだろうから）、それらの部分的な像の直接的な直観が、その土台となるものでなければならない」

(34) 矛盾対当は、後の二律背反のところでふたたび登場する論理学の重要な概念である。対立する命題には、反対対当命題と矛盾対当命題がある。反対対当命題は、同じ主語について反対することを主張するが、その反対規定は両方ともに真であることも、両方ともに偽であることもある。しかし矛盾対当命題では、片方が真であるならば、他方は偽でなければならない。変化するということは、状態Aであったものが、それとは両立しえない矛盾対当の関係にある状態Bに時間的に移行するということである。同じ時間のうちでは、矛盾対当の関係にある二つの状態が両立しえないことは、矛盾律の定めるところである。

(35) 少し分かりにくいが、第一章「空間について」、とくに第三項の「前記の概念から えられる結論」（段落049〜053）の客観的な実在性についての注意である。

(36)この「絶対的で超越論的な実在性」という文は、「絶対的で超越的な実在性」と読む方が適切である。これについては高峯一愚『カント純粋理性批判入門』論創社、一二四ページを参照のこと。カントはときにこの語を正確に使いわけないことがある。

(37)ライプニッツは、人間は知性によって物自体を認識することができると考えた。そして知性による認識は判明であるが、感性による認識は混雑していて判明でない認識だと考えたのである。次の段落072のカントの説明を参照されたい。

(38)この法の実例による考察は分かりにくい。カントは人間の理性における原理的なものについて考察するとき、ほとんどつねにといってよいほどに、法のことを思い浮かべるようである。たとえば超越論的な仮象としての理性についての議論(第二版であるB三五八)を参照されたい。そのことは、この『純粋理性批判』が理性の裁判のイメージのもとで構成されていることと、無関係ではないだろう。

(39)「超越論的な客体」という概念は面倒なものであり、いずれ詳しく考察されることになるが、ここでは物自体と同じものと考えてほしい。超越論的に考えた場合に、対象の背後に存在していて、認識することのできない「あるもの」が超越論的な客体である。

(40) ここでカントはあたかも感性論がオルガノンになりうるかのように語っている。しかし感性論がオルガノンではなくカノンであるのは明らかである。ここではオルガノンとして役立つ数学のような理論に「ふさわしい」カノンとしての確実さが求められているものと考えておきたい。

(41) カントは主観がみずからを現象ではないものとして直観する営みを「知的直観」と呼ぶ。この奇妙な概念は、人間は道徳などの実践においては、物自体として行動することができるが、認識する場面においては、物自体としてふるまうことができないことを示すために用意されているのである。

(42) 周知のようにバークリは、「精神すなわち知覚するもののほかにはいかなる実体もない」と語り、「物体が私によって現実に知覚されないとき……、それら物体は全く存在しないか、もしくは或る永遠な精神の心のうちに存立する」と主張していた。引用はバークリ『人知原理論』大槻春彦訳、岩波文庫、四七～四八ページ。

(43) 自然神学とは、聖書に示された啓示によってではなく、人間に自然にそなわる理性によって、神について考察しようとする学である。カントは本書の第二部の超越論的な弁証論において、人間の魂の不死、世界の端緒、神の存在について、自然神学の形而上学的な理論を鋭く批判する。

(44) ディオゲネス・ラエルティオスは紀元三世紀の哲学者で、ギリシアの哲学者の列伝を著した。幾何学的な発見についてもいろいろと語っているが、たとえばタレスについては「彼はエジプト人から幾何学を学んだのち、直角三角形を円(半円)に内接させた最初の人」であると証言している。邦訳は『ギリシア哲学者列伝(上)』加来彰俊訳、岩波文庫、三〇ページ。

(45) ゲオルク・エルンスト・シュタール(一六六〇〜一七三四)はドイツの化学者で、化合物を燃やすと燃素(フロギストン)が失われるという燃素説を唱えていた。カントの時代は物理学はすでに近代的な科学として誕生していたのであり、ガリレオの実験もトリチェリの実験もその有効性と科学性は確立されている。しかし化学はまだ科学として確立される以前であり、さまざまな仮説が展開されていた。カントは終生フロギストン説を信じていたようである。

(46) 概念の客観的な妥当性と実在性については、本文の段落051を参照していただきたい。

(47) これらの点については、本文で詳しく展開されることになる。第一の魂の不死については、「純粋理性の誤謬推論について」、第二の意志の自由については「純粋理性の二律背反」、第三の神の存在証明については、「純粋理性の理想」を参照されたい。

(48) ホラティウス『書簡詩』第二巻一の八五行をパラフレーズしたもの。

(49) クリスティアン・ヴォルフ(一六七九〜一七五四)はライプニッツ派のドイツの哲学者で、弟子のバウムガルテンとともに、カントの時代のドイツ哲学の中心人物であった。カントはバウムガルテンの著書『形而上学』を教科書に採用するなど、ライプニッツ/ヴォルフ派の哲学をきわめて重視していた。

(50) 二七三ページは二七五ページが正しい。

(51) 観念論論駁の証明の最初の段落、すなわちB二七五の最後の数行である。

(52) ヘカベはギリシア軍に敗れたトロイアの王プリアモスの妻で、オデュッセウスの奴隷としてギリシアにつれてゆかれる。引用はオウィディウス『変身物語』一三巻五〇八〜五一〇行。

(53) 本書の「カテゴリーの超越論的な根拠づけへの移行」の部分である。第二版のページづけでは、B一二四〜一二六ページ。

（54）ジャン・テラソン（一六七〇～一七五〇）はフランスの古典文学者であり、哲学者。一七三二年にはアカデミー・フランセーズの会員に選ばれている。カントが引用したのは『あらゆるものに適用できる哲学』（一七五四年）のドイツ語の翻訳版の一一七ページから（Werner S. Pluhar, Patricia Kitcher, *Immanuel Kant, Critique of Pure Reason*, Hackett Publishing, p.12による）。

（55）アウルス・ペルシウス・フラクス（三四～六二）の『諷刺詩』四の五二行。

『純粋理性批判 1』解説

『純粋理性批判１』解説 目次

体系区分

第一章　本書の課題――序論

第一節　経験とアプリオリ

序論の加筆の意味

カントは一七八一年に『純粋理性批判』の初版を刊行した。カントとしては大きな抱負のもとで出版した書物であったが、ほとんど反応はなく、勘違いの書評ばかりを目にすることになった。何か新しいものを作りだすときは、周囲の反応とはそういったものである。カントとほぼ同時代のトマス・ペインがアメリカが独立すべきことを訴えた小冊子『コモン・センス』を刊行したときには、すばらしい反応であり、ペインが印税をとっていれば巨万の富を稼ぐことができたはずだった。ペインがこのパンフレットで語ったことは、時代の思想の一歩さき、しかしわずかな一歩さきを歩むものだったからだ。時代はペインが時代の思想を語ってくれることを待っていたのだ。

思想家には二種類あると思う。時代の空気を読みとり、それを時代の望む形で表現する思想家、いわば時代と「共寝」している思想家と、その時代に先駆けて、次の時代を作りだす思想を表現する思想家である。ペインが最初の種類の思想家であり、カントが第二の種類の思想家であることは、言うまでもないだろう。どちらの思想家も貴重なのだ。ペインは人々の心のうちでまだ明確な形がとれないでいるものを巧みに表現する。カントはそれまでの哲学のさまざまな問題を総括しながら、そうした問題のまったく新しい〈解き方〉を示すのである。

カントは本書で古代以来のさまざまな哲学の難問を解決するための道筋を提示していく。カントはさまざまな川が合流する場所であり、そこからまた新しい川が分岐して流れだす場所である。カントのうちに流れ込んだのは、叡智界と感性界の対立と、叡智界をどのようにして認識するかというプラトンの問い、近代の哲学にいたるまで「認識と事物の一致」として定義された真理の問い（これはプラトンからライプニッツにいたるまでのすべての哲学者の問いである）、アプリオリとアポステリオリな認識方法の違いについてのアリストテレスの問い、人間が対象を認識するための手段は何かという近代の認識論の問い、人間には生得的な観念が存在するのか、それともすべてを経験によって認識するのかというデカルトとロックの問い、主観である精神が、客観である物質をどのように認識するのかという心身問題の問い（これもデカルトに始まる問いだ）、人間は自然法則をどのようにして認識することができるか、自然科学の法則はどのようにして真理であるかというニュートンと自然科学の問い、そして自我とは何か、心とは何か、人間にはどのような認識能力があるかというフロイトにつながる問いなど、錯綜する無数の問いに、カントによってひとまず回答が示されたのである。

しかしそれまでの形而上学の問いと答えに慣れていた読者や哲学者たちの多くにとっては、カントの示した答えかたは風変わりなもの、理解を絶するもの、何とも反応のしようのないものだったに違いない。カントは一七八一年の刊行の直後から、反応の少なさに苛立ちを示している。そして一七八三年春には、この『純粋理性批判』の問題の一部を紹介するための「教師用の」入門書として、『プロレゴメナ』を発表する。しかしカントはこの書物ではあきたらず、やがて『純粋理性批判』そのものにかなり手を加えて、一七八七年には第二版を刊行することになる。

この『プロレゴメナ』と第二版での加筆を調べてみると、カントがその当時の読者の誤解を解き、問題点を説明するために何が必要だと考えていたかがよくわかる。この第二版の序論はとくにカントがこの書物の意図を明確にするために手直しが必要だと考えた部分であり、初版の二倍近い分量にまで加筆が行われている。そして『プロレゴメナ』もまた、この序論の部分で加筆されたものについて、詳細に説明するものとなっているのである。

序論のテーマ

序論でカントが示そうとしたのは、その時点で形而上学が直面している最大の問題は、「アプリオリな総合判断はどのようにして可能か」という問いだということだった。カントはこの問いは、「形而上学の興亡、したがってその存立は、全くこの課題の解決にかかっている」(1)と強調し、この問いに答えないかぎり、形而上学者は「空虚な、根拠のない哲学」(2)を一人勝手に展開していると非難されてもしかたのないことだと断言しているのである。そして序と『プロレゴメナ』は、この問いの重要性と、この断言の正当性を示すことを目的としているのである。

経験の概念について

カントのこの問いの意味については、序論を検討しながら調べていくことにしよう。この序論の最初の一文が、すでにカントの問題の焦点を明確に告げている。「わたしたちのすべての認識は経験とともに始まる」（001。以下でカントの引用は、段落の番号で表記する）。これはロックに始まるイギリス経験論の結論である。ロックは、神や善悪の観念などが人間に生得的にそなわるものであるという当時の「常識」に対抗して、人間には生得的な観念などは存在しないことを強調する。そして心が「タブラ・ラサ」のような白紙であると想定したときに、人間の心に観念がどのようにして宿るだろうかと自問する。そして「一語で経験から」と答える[3]。

カントはこれに同意する。「これは疑問の余地のないところだ」（同）。しかしすぐにカントは限定をつける。「すべての認識が経験から生まれるわけではない」（002）と。それは経験によって生まれた認識が、外的な印象だけで作られるわけではなく、そこに人間の認識能力が働いていると考えるからである。

ところでカントにおける〈経験〉という概念はかなり特別な意味をもっていること

に注目しよう。この経験という概念を、「経験を積んでいる」とか「無経験な」という日本語の文脈で、理解しないことが重要である。この意味での経験は「体験」という語で訳すのがふさわしいだろう。カントの語る経験とはそのようなものではなく、ぼくたちが意識しているかぎり、あるいは無意識においても、たえず行っている行為である。

それは、対象に触発されることで人間の認識能力が働き始めるということである。ここで触発という言葉は耳新しいかもしれない。それはあるものから刺激をうけて、その刺激をうけとめることと考えてほしい。たとえば目を開いて、庭の樹木を眺め、蟬の声を聞いているとしよう。その瞬間にぼくは、樹木や蟬によって、そして庭の空間の全体によって、視覚も聴覚も嗅覚も触発されているのである。この触発そのものは、受動的なものである。何らかの対象から「働きかけられる」からである。

ところで、いずれ本論で詳しく考察されるが、この触発には二つの側面がある。樹木を眺め、蟬の声を聞く人間の営みは、受動的な側面と能動的な側面がある。触発に二つの道があるのだ。受動的な道では、対象はぼくたちの感覚に、すなわち視覚、聴覚、嗅覚、味覚、触感という五感の働く知覚器官に働きかけ、一つの「像」を作りだす。ここで働いているのは感性である。それにたいして能動的な道で働くのは、感覚し、知覚する器官ではなく、知性である。この能力は能動的な営みとして、さまざまな像を比較し、結びつけ、分離して、一つの観念を作りだす。心の中で一つの観念を作りだすこの営みは、「対象の認識そのもの」(001)である。

この二つの道は、分離し対立したものではなく、それが二つとも働くことでしか認識は生まれないし、人間が真の意味で「経験」することはないと、カントは強調する。もしも感性が働かなければ、対象の素材としての像が生まれることはないし、知性が働かなければ、対象の素材から対象が「あるもの」である（たとえば樹木である、蟬である）という観念そのものが生まれないのだ。どちらが欠けても「経験」と呼ばれるものが生まれることはないのである。

ここで注意しておきたいのは、カントがすでにロックの経験論を批判する意味で、「時間的にみて」（同）という制限のもとでのみ、「経験に先立つものは何もない」（同）と語っていることである。「時間的に」という制約をつけなければ、カントは経験に先立つものが「ある」と考えているのである。

カントはすべての認識は、感性のもとで作られた感覚的な印象（像）を素材とし、きっかけとして、それに知性が働きかけ、この素材としての印象からある観念を作りだすものだと考えるのである。カントはときに、感性はたんなる印象を作りだす完全に受動的な働きであるかのように語ることがあるが、これもまた重要で能動的な能力であることは、音を聞き分ける能力というものが、たんに受動的なものではなく、鍛練を必要とするものであることから明らかだろう。絶対音感のようなものは、幼少の頃から訓練されないと獲得できないものなのだ。これは感性の能力でありながら、普通の耳ではもてない能力なのである。

アプリオリとは

このようにカントは人間の二つの能力がともに働くことで、はじめて人間の認識も経験も可能となることを示した。これはロックが考えたように、すべてが「タブラ・ラサ」で始まるのではなく、認識するためには人間の側に自発的な能力が必要であることを主張するものだった。このようにしてカントは、先行するイギリスの経験論の哲学との違いを明確にしたわけである。次にカントがやろうとするのは、アプリオリとアポステリオリの二つの概念の区別を示すことによって、イギリス経験論と対立した大陸合理論の哲学、とくにライプニッツの哲学との違いを示すことである。

カントは認識はすべて経験とともに始まることを指摘した。そして「時間的にみると」経験に先立つものは何もないと語っていた。ということは、「時間的にみると」まず経験があり、次に認識が生まれるということである。経験は認識よりも前（アプリオリ）であり、認識は経験よりも後（アポステリオリ）である。人間の多くの認識は、経験に基づくという意味では、アポステリオリなものである。「この薔薇は赤い」という判断は、その薔薇を目でみて、薔薇という客観に触発されて、初めて成立する判断である。

地球は太陽を中心に回転しているという自然科学の命題もまた、多数の天文学的な観測結果にしたがって確立されたアポステリオリな命題である（ぼくたちの感覚は、太陽が地球を中心に回っているかのように触発されるのだが、太陽が昇るという認識が科学的に正しいものではないことは、こうした天文学的な観察結果によって示されたのである）。だからアポステリオリな認識は、ぼくたちの生活の中心的な認識であり、これによって生活が支えられ、科学が生まれるのである。

アプリオリな認識の分類

これにたいしてアプリオリな認識というものがある。それはすべての認識に先立って、「経験から独立して生まれる認識」(003)である。カントはこうしたアプリオリな認識を大きくわけて三種類に分類している。[4]まず〈相対的にアプリオリな認識〉と〈絶対的にアプリオリな認識〉に分類され、さらに〈絶対的にアプリオリな認識〉は、〈純粋にアプリオリな認識〉と〈純粋でないアプリオリな認識〉に分類される。

〈相対的にアプリオリな認識〉というのは、「すべての認識に先立つ」のではなく、いくつかの経験に基づいて、また「一般的な規則に基づいて」(004)妥当する認識のことである。たとえば「ぼくが立っていて、手に林檎を持っているとする。そして手を離すと、林檎は落下する」という判断は、いわばアプリオリに妥当するといえる。経験してみなくても、その正しいことはわかるからである。しかしここには林檎という「物体には重さがある」(同)ということ、「物体はそれを支えるものを取り外すと落下する」(同)ということがあらかじめ経験によって確認されていることが必要である。宇宙空間では林檎から手を離しても、重力が働かないために、林檎は落下することなく、ぼくとともに漂うだけだろう。この判断のアプリオリ性は、重力の働く地球という空間でのみ有効なアプリオリ性しかそなえていないのである。家の土台を掘り崩せば、その家が倒壊するのは、「アプリオリに認識」（同）できるはずだというカントの例は、この〈相対的なアプリオリ〉の実例と考えることができる。

さて〈絶対的にアプリオリな認識〉は、こうした経験による裏づけを前提としないものであり、「すべての経験から絶対的に独立した」（005）ものである。しかしこうした絶対的にアプリオリな認識にも、まだ経験という残滓が残っている認識がある。たとえば「すべての変化にはその原因がある」（同）という命題を考えてみよう。この命題は経験による確認を必要とせず、実際に試してみなくても、正しいものと考えられる。しかし変化という概念は、ある状態が別の状態に変わることを想定したものであり、実際に状態の変化を経験してみなければ、この概念を理解することはできない。この認識そのものはアプリオリであるが、経験を土台としているのであり、これはいわば「純粋でない」アプリオリな認識である。

これにたいして「物体は広がり（延長）をもつ」という命題を考えてみよう。これについてはカントの時代の物体の定義を考えてみる必要がある。デカルトは実体という概念を「存在するために他のいかなるものをも必要とすることなく存在しているもの」[5]と定義して、人間が理解できる実体には二つあると考えた。思考するという属性をもつ精神と、広がりのある物体である。だから定義からして、物体という概念のうちには、広がりという概念が含まれる。だとすると、「物体は広がりをもつ」という命題は、物体という主語の概念を考察するだけで、その正しさが理解できる。これは完全に絶対的なアプリオリな認識なのであり、その正しさを経験によって、すなわちいくつかの物体を実際に調べてみることで検証する必要はないし（これが必要なのは相対的にアプリオリな認識である）、経験に支えられた概念を利用する必要もないのである（これが必要なのは、「純粋でない」絶対的にアプリオリな認識である。たとえば「物体は重いものである」という命題は、重さという経験的な概念に依拠しているのである）。カントはこれを〈純粋にアプリオリな認識〉と呼ぶのである。

第二節　アプリオリな認識の特徴と実例

アプリオリな認識の特徴

この純粋にアプリオリな認識の特徴は、経験を必要としないということ、すなわち主語の概念を分析するだけでその真理を認識できることにある。これは実はその認識を表現した判断が分析判断であることを意味する。分析判断の命題は、述語の概念が主語の概念のうちに含まれているものである。

しかしカントはこの分析判断のテーマに入る前に、重要なテーマにたちいる。それはアプリオリな認識の特徴が、必然性と普遍性にあるという指摘である。ほんらいはこのアプリオリな分析判断のもつ特徴に議論が進むべきであり、これは「逸脱」と呼んでもよいくらいなのだが、じつは初版の序論で指摘されていたことにかかわるのだ。カントは初版において、アプリオリな認識と経験的な認識の違いを、必然性と普遍性の二つの特徴で説明しながら、次のように指摘していた。

しかしわたしたちの知性は、この経験という唯一の領域に閉じ込められてはいない。たしかに経験はわたしたちに、そこに何が存在するかを教えてくれるが、それが必然的に存在しなければならないことは教えてくれないし、ほかのありかたではなく、まさにそのように存在しなければならない理由も、教えてくれないのである。だから経験はわたしたちに、真の意味で普遍的なものを与えてくれることはない。

そして人間の理性は、こうした普遍的な認識の方法を強く希求するものであるから、経験によって満足することはなく、むしろ経験によって刺激されるのである。

このような普遍的な認識というものは、同時に内的な必然性という性格をそなえているものであり、経験に依存せずに、それだけで明晰で確実なものでなければならない。だからこうした認識は、アプリオリな認識と呼ばれる。これとは反対に、経験だけから借用される認識は、一般に呼ばれているように、アポステリオリにのみ認識されるとか、経験的にのみ認識されるというのである（P01）。

だからカントが初版のこの部分で考えていたのは、これまでみてきたような経験に依存するかどうかだけを判断基準とするアプリオリな認識ではなく、後にアプリオリな総合命題のうちの第三の命題として、形而上学に含まれるアプリオリな総合認識として語られるべきものである（020を参照されたい）。それは理性がこれを「強く希求する」と述べられていることからも明らかである。カントは「人間は自由である」「神は存在する」「［創造されたものである］世界には端緒がある」というような形而上学的な命題を考えていたのであり、これは経験に依存せず、アプリオリに「明晰で確実な」認識として、すなわち理性が真理として認識できると主張していたのである。

しかし理性が認識する形而上学的な命題はそのままで真理として主張できる性質のものではない。それが真理であるかどうかも、この書物は大きな疑問としたままなのである。だからカントは第二版ではこの部分を削除したのだった。しかしその痕跡はいくつか残っている。それがこのアプリオリな認識の二つの基準を示した第二節である。この節のタイトルは、「わたしたちはアプリオリな認識を所有していること、日常的な知性の利用にもアプリオリな認識が含まれないわけではないこと」である。ここで「日常的な知性の利用にも」と書かれていること、その「にも」は、これよりも前のところで、「経験を源泉として生まれた認識についても」(004)と書かれていた文の「についても」と同じ意味であり、形而上学的にアプリオリで確実な命題の「ほかにも」、日常的な経験においてもという意味である。カントは初版を書いた時点では無意識的にも、神が存在することは確実で明晰な真理であると考えていた。人間が自由でなければ道徳はありえないから、人間が自由であることは確実で明晰な真理であると考えていた。神が存在し、神が世界を創造したのだから、世界に端緒があることは確実で明晰な真理であると信じていた。しかしこの三つのテーマは、本書の超越論的な弁証論の部分で三つの二律背反として議論されるべき問題であり、ここで前提としてしまうわけにはゆかない問題なのである。

ただし暗黙のうちにカントはこれを前提としているために、初版で提示された必然性と普遍性というこのアプリオリな認識の特徴を、ここでも確認するのである。カントは日常的な経験が教えてくれることの確実さと、こうした形而上学のアプリオリな真理の確実さは、質の異なるものだと考えていた。経験が教えてくれるものは、偶然的であり、個別的なものである。「この薔薇は赤い」とか「ライオンは哺乳動物である」という命題はこの薔薇やライオンだけにかかわる個別的な命題であって、すべての植物やすべての動物にかかわる普遍的な命題ではない。それにこの薔薇は赤いが、同じ植物であっても桜は白いだろう。ライオンは哺乳動物であるが、同じ動物であってもカササギは哺乳動物ではないだろう。これらの命題は、この個別の種だけにかかわる偶然的なものである。

これに対して人間が自由であることや神の存在は、必然的でアプリオリな認識であると、カントは（暗黙のうちに）前提する。だから純粋な認識（すなわちアプリオリな認識）と経験的な認識を確実に区別できるには、それが必然的な認識であるかどうか、そして普遍的に妥当する認識であるかどうかを調べればよいとカントは考える。人間が自由であることは、すべての人間について普遍的に妥当することであり、人間は道徳的な存在であるためには自由でなければならないのであるから、それは必然的に妥当することである。

カントはアプリオリな認識のこの二つの特徴を、あたかも経験的な認識との違いから導きだしたように語っているが、カントが念頭においていたのは、形而上学的な認識のもつ特徴だったことが、初版との対比から明らかになるのである。

アプリオリな認識の実例

さて、人間の認識の問題に戻ろう。カントはこの二つの特徴を指摘した上で、人間の認識のうちには、形而上学的に確実な真理だけでなく、アプリオリに妥当する認識があることを指摘する。その実例として使われているのが、数学や物理学などの自然科学の命題である。たとえば三角形の内角の和が二直角であることは、アプリオリに妥当する。加速度の法則も、アプリオリに妥当する。しかしこれはこの序論の第五節のテーマであり、ほんらいはここであげるのは時期尚早なのだ。そのためにカントはここでは、たとえば幾何学や物理学の実例をあげることは避けて、日常的に「アプリオリ」といわれるいくつかの実例をあげるにとどめるのである。

ここでカントが実例としてあげているのは、三つ、すなわちふつうに「アプリオリな判断」と呼ばれるもの、アプリオリな性質をもつ「空間という認識形式」、アプリオリな性質をもつ「概念」である。しかし以下で示すように、これらはこの序論で展開するには困難な問題であり、不十分さがあらわになってしまうのである。

まずふつうに「アプリオリな判断」としてあげられるのは、「すべての変化には原因がある」(007)という、以前は純粋でないアプリオリな認識としてあげられた判断である。カントはこの判断には必然性と普遍性という二つの特徴がそなわっていることを理由に、アプリオリなものとして判定する。しかし因果律の法則は、ヒュームが指摘したように、帰納の法則によるかぎり、普遍性も必然性ももたないものである。カントはヒュームを批判しながら、この命題を提示するのだが、カントを「独断のまどろみ」[6]から目覚めさせたヒュームによる因果律批判に対処するには、これでは不十分だと言わざるをえない。

第二のアプリオリなものとしてあげられたのが、「空間」(同)である。これは物体のすべての経験的な要素をとりのぞいた後に残る〈場所〉としてあげられるが、この表現では空間はあたかもニュートンの述べた絶対空間のように、すべての物質が存在しない後にも存在するものであるかのように考えられてしまうおそれがある。この空間の問題は、超越論的な感性論のところで、概念ではなく人間が対象を認識するために必要な条件であり、観念であることが明確にされるのであり、じつはこれもここでとりあげるのは不適切なのである。

第三のアプリオリなものとしてあげられたのが、実体の「概念」（同）である。物体からさまざまな特質、形などの本質的な性質と、色などの付随的な性質を取りのぞいたのちにも、広がりをもつ物体という「実体」の概念だけは残ることをカントは指摘する。この概念は物体にそなわるさまざまな性質のようにとりのぞくことができず、これをとりのぞいた場合には、もはや物体について考える意味がなくなるという意味で、「この概念がわたしたちの認識能力においてアプリオリな〈座〉を占めていること」（同）という必然性の特徴がそなわっているというわけである。カントはこれを理由として、この概念をアプリオリなものであると主張する。しかしこの実体の概念がアプリオリであるのは、デカルト以来の近代哲学の前提に依拠しているからであって、それがアプリオリな概念の存在の証拠となるものではない。ここにはある種の循環論が存在するのである。

どの実例をとってみても、カントのアプリオリの概念にはまだ大きな難問がつきまとっている。カント以降の哲学は、この難問を解くために、苦闘するのである。

しかしここにそれまでの哲学が暗黙のうちに前提していたために取り組むことができなかった重要な問題がひそんでいるのは確かなのである。カントはこれまでの形而上学は「独断論的に」こうした主張を展開してきたことを指摘する。それが人間の本性にとってやむをえないことであり、「宿命」(010)だとしても、独断論的な主張をつづけるかぎり、哲学は白昼夢のようなものとなってしまうと言わざるをえないのである。カントがこの書物で目指したのは、こうした独断論的なやりかたを批判しながら、理性の領域をみさだめ、そして形而上学の本来の課題を遂行できるようにすることなのである。

哲学が独断論的なものとなる理由

カントはこれまでの哲学が、このアプリオリな概念を適切に処理してこなかったために、独断論的なものとなってきたと考えている。このカントによる伝統的な哲学への批判は、哲学がごく自然にこのような独断論に陥った理由を考察するという形で展開される。

第一に哲学は、数学のアプリオリな原理のもつ力に誘惑されたのだった。アプリオリな認識の一つである「数学的な認識が、昔から確実なものとして信頼されてきたために、その他のアプリオリな認識までもが、［数学的な認識とは］まったく異なる性質のものでありうるにもかかわらず」（同）確実なものと思い込まれたのである。しかし哲学は数学とは異なる原則に依拠するものであり、数学のアプリオリ性を利用することはできないのである。

第二に哲学が展開するさまざまな理念、たとえば神、自由、魂の不死などの理念は、経験を超越したものである。「ひとたび経験の圏域から超出してしまえば、経験によって反駁される心配はなくなる。自分の認識を拡張することの魅力は非常に大きなものであり、はっきりとした矛盾に直面しないかぎり、その拡張の営みを妨げうるものはない」（同）のである。哲学は野放図に、神学の概念までを利用しながら、自由に理論を構築することができ、それを反駁する論拠は哲学のうちには存在しなくなるのである。これはもはや哲学の営みとは言えないものになってしまう。

第三に、数学においてアプリオリな原理の威力が示されたために、哲学もまたこの数学の分野で示された理性の「威力に鼓舞される」(010)のである。思えばプラトンは幾何学との類比のうちにイデアの概念を構築することができた。そしてこのイデアの世界のうちに、哲学の本務があると考えたのである。

鳩は空を飛びながら、重力のない世界であればどれほど楽に、楽しく飛翔できるだろうかと空想するかもしれない。しかし重力がない世界では、ただ漂うことができるだけであり、飛ぶことはできない。同じようにプラトンも「イデアの翼に乗り、この感覚的な世界の〈彼岸〉へと、純粋な知性の真空の中へと、飛びさったのだった」(同)。そしてこの飛翔が哲学の仕事にまったく役立たないものであることに気づかなかったのである。

第四に、この誤謬のもたらす一つの帰結として、数学、とくに幾何学で示される直観のもつアプリオリ性と、哲学の領域でとりあつかう概念のアプリオリ性が混同されたことがあげられる。幾何学は対象と認識が理念的な直観のうちに与えられるかぎりで妥当なものであるのに、哲学はこの「快楽」に心を奪われて、この直観に依拠する幾何学と、「たんなる純粋な概念」（同）の違いを区別できなくなってしまい、哲学の概念にもこのようなアプリオリな真理が通用すると考えてしまうのである。

第五に、分析的な真理と、経験に依拠した総合的な真理の違いが理解されなかったために誤謬がしのびこむことになった。概念を分析することでは、「真の意味でアプリオリな認識」（同）がえられるのである。これは「確実で有益な進捗をもたらすものであるために、理性はみずから気づくことなく、まったく別の種類の主張をこっそりと持ち込むのである。そして理性はすでに与えられている概念に、まったく無縁なアプリオリな概念をつけ加える」（同）。これは分析的なみかけをもつ総合的な命題に、分析的な命題のアプリオリ性を適用するという誤謬である。この誤謬のありかを明らかにするために、ここでカントは節を改めて、第二節の最後でとりあげるはずだった分析命題と総合命題の違いを考察する。

第三節　アプリオリで総合的な判断について

分析的な判断と総合的な判断の違い

すでに確認したように、第一節の最後で「物体は広がりをもつ」という命題のアプリオリ性が指摘されていたところで、カントはこの命題がどうして必然的で普遍的に妥当する確実な真理であるかを語ろうとしていたが、その前にアプリオリな命題の特徴としての必然性と普遍性の考察に「逸脱」したのだった。

この命題がアプリオリな命題であるのは、それが経験を経由しないからであり、この命題の述語が主語に含まれているからであった。カントはこのような命題を「分析的な判断」と呼ぶ。「述語Bが主語Aのうちにあり、Bという概念がこのAという概念のうちに（隠れた形で）すでに含まれている場合」（011）が分析的な判断であり、「Bという概念はまったくAという概念の外にあり、たんにこの概念に結びつけられているだけの場合」（同）は総合的な判断である。

ただしこの分析という概念は、伝統的な分析の概念とはずれていることに注意しよう。デカルトは分析と総合を思考の二つの方法、確実な真理にいたる方法として提示したが（ただしデカルトは分析を還元と呼ぶ）、カントが示す分析という概念は、こうした普通の意味での分析とはかなり異なる。

この分析判断は、完全な同語反復《トートロジー》ではないことに注意が必要だ。「物体は物体である」という文は、あるいはこれを言い換えた「物は物だよ」という言葉は、発話としては語用論的に十分な意味がある。〈物〉が物でしかなく、魂ではないことを強調するという言外の意味があるからだ。しかしこの発話は認識論の次元では、物体の概念に何も新しいものを追加することはない。たんなる同語反復なのだ。

あるいは「兄は弟よりも年上である」という文も、兄という概念の定義が、弟よりも年上であることを明示的に含んでいるために、ほんらいの分析判断ではなく、同語反復的な判断だと言えるだろう。これにたいしてほんらいの分析判断には、主語のうちに「隠れた形で」含まれていたものが明らかにされるという価値がある。

たとえばカントが挙げている「すべての物体は広がり［＝延長］をもつ」（同）という命題は、物体という概念の定義のうちに含まれていたものを示すことができる。この判断は、主語の概念を分析しながら、矛盾律の法則にしたがうだけで、広がりをもつという述語をとりだすことができる。

ただしこの分析判断の命題の真理性は、デカルト以来の近代哲学の伝統によって支えられていることはすでに指摘したとおりである。物体の概念が「広がり」によって定義されず、たとえば「重さ」によって定義されていたならば、この命題は分析的な命題ではなくなるからだ。

だからここで整理をしてみると、アプリオリ／アポステリオリと分析／総合の四とおりの組み合わせができることになる。アプリオリで分析的な判断、アプリオリで総合的な判断、アポステリオリで分析的な判断、アポステリオリで総合的な判断である。すぐにわかるように、アポステリオリであることと、分析的であることは矛盾する。アポステリオリであることは経験によって学ぶということであり、分析的であるということは、経験を必要としないということだからだ。残るのは三つである。

まずアポステリオリで総合的な判断は、人間の大部分の判断である。日常的な判断も、自然科学による判断も、すべて経験に基づいてその真理を確証する必要のあるものであり、こうしたアポステリオリで総合的な判断である。次にアプリオリで分析的な判断は、主語を分析することで述語が確認できるのであるから、これは絶対に真理である。ただしこの真理を学んだとしても、その後であまり賢くなったとは言えない。アポステリオリで総合的な判断では人間はつねに何かを学ぶのであるが、アプリオリで分析的な判断は、矛盾律の適用だけですむのであり、最初から必然的なものという性格をおびているのである。

残されたのがアプリオリで総合的な判断である。カントはすでに第三節で、ごく手短にこうした判断が「日常的な知性にも」みられることを確認していたが、この節ではこの判断の問題がさらに詳しく検討されることになる。哲学において重要な意味をもつことができるのはこのアプリオリで総合的な判断だけだとカントは考えるのであり、それは経験判断にはないある能力を、人間の知性が行使すると考えるからである。

アプリオリな総合判断の重要性

そのことを具体的に、「すべての生起するものにはその原因がある」(013)というカントが示した命題で考えてみよう。これは因果律と呼ばれる重要な命題であるが、カントが指摘するようにこの命題は分析的なものではない。〈生起するもの〉という概念をどれほど分解しても、「原因」という概念をとりだすことはできないからだ。

「〈原因〉という概念」は、「〈生起するもの〉という概念が描きだす像［＝表象］には、まったく含まれない」(013)のである。しかし人間の思考にとっては、原因なしである出来事が発生するというのは、すなわち世界が完全な偶然によって支配されていると考えるのは、困難なことである。これは人間にとってはどうしても普遍的で必然的な命題としてしか考えられないのである。

カントは人間の知性はここで主語と述語の間の絆が経験によってではなく、しかも矛盾律によってでもなく、「ある未知のもの(X)」(同)によって結ばれていることに注目する。このXが、この命題の普遍性と必然性を作りだしているのである。それは何か。これは人間の認識能力を考察するためには、必須の問いなのである。

カントはすべての哲学はこの問いに答えねばならないと考える。アプリオリな総合判断は、Xというものの力によって、人間の認識を拡張するものであり、すべての学の背後にあって、学そのものを成立させる根拠となっているものだからだ。

学とアプリオリな判断

カントにとって問題となるアプリオリな判断はこのように分析的な判断ではなく、

総合的な判断である。そしてすべての学はこの判断の可能性によってその土台を支えられていると考えるのである。

まずカントは「数学的な判断はすべて総合的な判断である」（014）ことを指摘する。その実例としてカントは算術と幾何学の分野から、ごく自明に思われる二つの実例をとりあげて説明する。まず算術の分野では、ごく簡単な等式「七に五を加えると一二になる」（016）をあげて説明する。ここで等式として示されたものを命題として語り直すならば「七という数と五という数の和は一二という数である」ということになる。しかし七と五という数の〈和〉の概念からは、一二の概念はえられない。だからこの命題は分析的なものではなく、総合的な命題だということになる。こうしてカントは、すべての算術の命題は総合的であると主張するのである。

次に幾何学の分野では、「直線は、二つの点を結ぶ最短［の距離］である」（017）という命題が示される。この命題の主語である直線という概念には「まっすぐ」という質の概念が含まれるだけであり、「もっとも短い」という量の概念は含まれていない。だから主語から述語をとりだすことはできず、これは総合的な命題だということになる。

もちろん現代の数学においては、これらの命題が総合的であることは、一般的に否定されている。数学においても公理系をどのように定めるかによって、分析的な命題と総合的な命題は異なるし、そもそも公理から始めた場合には、すべての命題は分析的に成立するのである。「カントの時代以後、非ユークリッド幾何学などが発展して、数学の公理というものが任意に定められうるものであるということが理解されるに及んで(7)」、数学的な判断の体系は分析的なものであることが一般に承認されるようになってきたのである。

幾何学だけではなく、算術の方程式が分析的であることは、G・フレーゲが明確に示している。フレーゲは五という数は単位数一に四を加えて成立するものであり、この四という数は単位数一に三を加えて成立していること、三という数は単位数一と二を加えて成立したものであり、二という数は単位数一と一を加えたものとして成立することを指摘する。

七も同じように単位数の和に分解することができ、一二もまた単位数の和に分解することができる。するとこの方程式は、単位数を同じだけ加えた計算に還元される。同じものの和はたがいに等しいことは分析的に自明なことだから、これは分析命題なのである(8)。

また二点間を結ぶ最短の線が直線であることは、非ユークリッド幾何学では否定される命題となり、普遍的でも必然的でもないことは明らかだろう。この問題については議論が尽きていないが、それでもデカルトが同じ命題について、それが直観的に明らかであり、真理であると考えられるという意味では「生得概念」だと指摘していたことは注目する必要があるだろう。これは証明できる命題ではないのに、普遍性と必然性をもっているとしか考えられないのである。

その意味ではカントが示したアプリオリな総合命題の実例が、たとえどれも分析的なものであり、総合的なものではなかったとしても、カントの問題提起そのものは意味を失わない。このような普遍性と必然性をもった総合命題の可能性と、主語の外部にあって、命題を拡張する未知なるXの正体は、やはり哲学的な問題として考察する価値のあるものだからである。

カントは数学の次に、アプリオリな総合命題が重要な問題となる領域として自然科学をあげている。カントが物理学の分野であげるのは「質量保存の法則」と「作用反作用の法則」である。この作用反作用の法則は、ニュートンの運動の法則のうちの一つである。ニュートンは三つの運動の法則、すなわち「慣性の法則」「運動の法則」

「作用反作用の法則」を「公理」として定めたのである(9)。これは定義とともに、経験による証明を必要としない自明の真理とされたのだった。

カントはこれらの命題がどれも「必然的なものであり、これらがアプリオリに作られた命題であることは明らかであり、しかもこれらの命題が総合的な命題であることもまた、明らかなのである」(019)と指摘する。これらの命題はニュートンの体系でも、カントの自然哲学の体系でも、経験に依拠せずに必然的に成立するとともに、分析的ではなく、総合的にしか導くことができない命題であるのは、明らかなことと考えられたのである。

さらにカントは、こうしたアプリオリな総合命題が形而上学の分野にも多数存在することを指摘する。カントがここで例としてあげるのが「世界には端緒があるのでなければならない」(020)である。この命題がカントにとってどうして普遍的で必然的な命題として感じられたかは、すでに指摘したとおりである。

第四節　学の根拠づけ

カントの課題

だからカントのこの課題を言い換えると、「純粋数学はどのようにして可能となるか？」（015〜018・023）、「純粋な自然科学はどのようにして可能となるか？」（019・023）という問いと、「形而上学は人間の自然の素質として、どのようにして可能となるか？」（020・024）という問いとして言い換えることができるだろう。この問いは、「形而上学が存続しつづけるか、それとも滅びるか」（022）を決定する枢要な問いであるだけでなく、数学と自然科学の可能性を決定する問いでもある。

だからこの問いでカントは哲学の根源的な問いを明確にしようとするだけでなく、数学と自然科学の根拠づけも同時に行おうとしたのである。これらのアプリオリな総合判断の可能性は、数学でも自然科学でも公理のような地位を獲得しているものである。これに依拠してこれらの学問が構築されているのであり、その学問の内部では、その土台を問うことはできない性質のものである。だからカントがこれから試みようとするのは、理性の「批判」であるが、この「批判」は、数学、自然科学、形而上学など、さまざまな学を可能にしている根拠を問う学なのである。

段落026で初めて登場する「批判」という語については、訳注（11）を参照してほしい。本書のタイトルともなっているこの「批判」とは、たんにその概念の善し悪しを「判定する」だけではなく、この概念の内的な構造を「切り分けて」考察しながら、全体的な体系との関連で、その意義を吟味するという意味をそなえている。批判とは、「理性そのもの」（027）を対象とする学であり、「事物の本性によってではなく」、「理性そのものの本性によって」（同）定められたものである。これは諸学の学であり、すべての学に先立って解決されるべき根拠づけの学なのである。この学としての批判の性格は、後にフッサールにおいても、ハイデガーにおいても、うけつがれることになる。フッサールの現象学は、諸学の根拠づけの学であり、ハイデガーの存在論も、同じ性格をそなえているからである。

ヒューム批判

ここで、段落022における因果律についてのヒュームの議論の批判について考えておこう。ヒュームの議論はこうした学問の根拠づけを無用にするものだからだ。カントがヒュームからうけついだ最大の問いは、因果関係が存在するかどうか、人間にその因果関係を認識できるかという問いだった。『プロレゴメナ』の序文では、この因果律を必然的なものと考えることはできないというヒュームの「警告」によって、カントは「独断のまどろみ」から目覚めたと告白しているほどなのである。

周知のようにヒュームは、ある出来事が発生したときに、その原因という観念と結果という観念は別個のものであり、これを必然的なものとして結びつけることはできないことを指摘した。「新しい［出来事の］発生には、必然的にある原因が存在するという考え方は、絶対に確実な知識からえられるものではないし、いかなる学問的な推論からもえられない(10)」のであり、「原因の必然性は論証できない(11)」と断定したのだった。ヒュームは、すべての出来事に原因があるかのように考えるのは「過去のあらゆる実例から考えて、ある事物がつねに別の事物の後で発生したと告げる経験(12)」によるものだと指摘したのである。これは自然科学的な法則の可能性を否定するものであり、懐疑論に導くものだった。これによるとすべての命題はアポステリオリに、経験によって確認されるしかないことになり、アプリオリに正しい真理命題のようなものはないことになる。

しかしカントは、幾何学と算術、すなわち純粋数学はアポステリオリな学ではなく、アプリオリな学であると考え、アプリオリに正しい真理命題を否定することは、すなわち幾何学の真理性を否定することになると考える。「ヒュームはこのようなアプリオリな命題はまったく不可能であることを証明したと考えた」(022)のだから、数学も自然科学も形而上学も否定されることになると、カントは主張するのである。「健全な知性」(同)をもつ人間であれば、このような暴挙に走ることはできないはずだ、と。

しかしこれは、幾何学がアプリオリな総合命題で成立しているという前提に立ってのみ主張しうることである。ヒュームが否定した因果律の問題は、この序論ではほんとうの意味では解決できないのであり、ヒュームの懐疑にはこれではまだ十分に反論できたことにはならない。カントは、変化は原因をもつということは、純粋にアプリオリな命題ではないが、それでもアプリオリな命題と考えるのであり、そのアプリオリな妥当性を証明するのは、「超越論的な分析論」の第二篇「原則の分析論」の経験の類比(アナロジー)の部分にいたってであり、そこでもこの証明は不十分なところを残しているのである。

じつはカントはこの〈変化するものには原因がある〉という考え方と、「原因」という概念の根拠を証明するために、ある事物が存在するようになるためには、十分な理由（原因）が存在しなければならないことを主張するライプニッツの充足理由律を「決定根拠律」と言い換えるという工夫をするのだが、これも「経験のアナロジー」のところで検討することにしたい。カントのヒューム批判には、まだまだ深いところまで「根」が伸びているのであり、適切な場所でさらに検討することにしたい。

「超越論的な」という用語

この書物ではカントは純粋理性の体系が、理性の〈批判〉と、批判の〈道具〉と、〈体系〉そのもので構成されると語っている。〈批判〉は、「純粋理性の体系のための予備学《プロペドイティク》」（029）であり、「純粋理性と、その源泉および範囲」を判定するものである。これは理性がその限界を超えて誤謬に陥るのを防ぐという〈消極的な〉意味で利用されるものであり、「人間の理性を拡張するためではなく、純化するためだけに役立つ」（同）ものである。

その批判のために使われるのが超越論的な哲学であり、本書で「超越論的な」という語が利用されるのはこの段落029が最初である。カントは〈超越〉（トランスツェンデンツ）という概念を手掛かりに、〈超越論的な〉（トランスツェンデンタル）という概念を作りだした。超越とは、神や不死の理念のように、人間の理性によって判断できる領域を「超えた」ということであり、これらのテーマはすでに指摘されたように、理性にとっては重要な課題ではあるが、その理念の真理性を保証することのできないものである。

これにたいしてカントが「超越論的な」と呼ぶのは、ここの定義では「対象そのものを認識するのではなく、アプリオリに可能なかぎりで、わたしたちが対象を認識する方法そのものについて考察するすべての認識」（029）である。これが超越という語にごく近い語で使われているのは、ある意味でこの認識は理性の利用を「超越」しているからである。というのは、理性の行使と同じ次元ではなく、その理性の行使の源泉を調べ、その行使を監視する「メタ」の次元にある認識だからであり、一つ上の次元に超越した認識なのである。この認識は人間が認識する対象にまなざしを向けるのではなく、人間が対象を認識する方法にまなざしを向ける。そして対象の認識がどのようにして可能となるか、それが正しい認識であるための条件は何かを調べるのである。だから批判は、つねに超越論的な方法において行われる必要がある。

カントは「超越論的な」という概念を少し異なる意味で使うことがある。それは初版で超越論的な認識を、「対象一般についてのわたしたちのアプリオリな諸概念を認識しようとする認識」（P11）について考察する方法と呼んでいたことにもみられる。この意味では、対象の認識が可能となる条件そのものではなく、知性のうちに含まれるアプリオリな概念がどのようにして対象に適用されるのかを問うことを、とくに「超越論的な」ものと呼ぶのである。具体的には本書の超越論的な論理学の分析論における「カテゴリーの根拠づけ」と、「経験のアナロジー」の原則におけるカテゴリーの適用の方法についての考察が、この意味での超越論的な哲学の内容になる。この場合にはこの概念は前記の概念よりも少し狭義に定義されていることになる。だからカントの超越論的な哲学は、広義の意味では哲学の予備学としての批判の全体にかかわるものであるが、そのうちでもとくに、人間がアプリオリな概念によって対象を認識する方法に焦点をあてることもあるわけである。

学の体系と批判の位置

ここでカントの哲学の体系を整理すると、まず次のような構成が考えられる。

純粋理性の批判（哲学の予備学）

純粋理性の道具《オルガノン》または基準《カノン》

純粋理性の体系

カントは『純粋理性批判』はこの体系にまで到達するものではないことを強調している。この書物で提示できるのは、最初の「批判」とオルガノンまたはカノンであり、批判は「道具《オルガノン》を準備するもの」（029）、あるいは「基準《カノン》を準備するもの」（同）である。このオルガノンとカノンの違いはいずれ考察するが、オルガノンは理性が純粋な認識を獲得し、確立するために利用することのできる道具であり、カノンは理性がそのために従うべき基準であると考えてほしい。オルガノンを完全に展開することで体系が確立されるのであり、『純粋理性批判』はこの体系の記述をめざすものではなく、その「試金石」となるためのものである。

カントは「〈批判〉はみずから超越論的な哲学と名乗ることはない」（030）と語っているが、批判が超越論的な批判であるかぎりでは、超越論的な哲学そのものと同じことを意味する場合もあるわけであり、カントの超越論的な哲学はまさにこの『純粋理性批判』全体を通じて展開されるのである。「純粋理性批判には、超越論的な哲学を構成するすべてのものが含まれる」(031)と認めるとおりである。

「裏のテーマ」

本書で考察されるのは、あくまでもアプリオリで純粋な認識である。そのために経験的な原則や理論は省略されるし、また経験的なものと切り離すことのできないものも除外される。そして「純粋な」批判をめざすものであるために、人間の心理学的な要素は除外される。「快と不快、欲求と心の傾きなどのように、すべて経験的な起源をもつ概念」(032)は心理学で考察されるテーマであり、本書では考察しないのである。

ところが、これらのテーマはじつは「裏のテーマ」として、本書の考察を活気づけている。これらのテーマは人間の心と意識という問題と密接にかかわるからである。カントが本書で示した重要な問題は、人間が認識するときに、純粋な主体として認識するだけでなく、対象から「触発される」ということだった。その触発されるという概念には、受動（パッション）という意味が含まれる。能動的な主体である人間は、認識という能動的な行為をするさいにも、対象からの影響をうけ、その情念（パッション）を発動させつつあるのである。

だから人間は認識という行為において、その身体に受動的な情念が発生するのを妨げることはできない。デカルトのように精神と身体を二元的に分離することはできないことを、カントは十分に認識していた。そのために、快と不快、欲求と心の傾きが考察の正面に登場することはないとしても、その背後で働きつづけるのであり、カントもそのことを承知しているのである。こうした情念と精神の関係という問題は、カントの『人間学』でとり上げられる。だから『人間学』はいわば裏側から遂行された『純粋理性批判』であると言えるのである。

この書物で正面から検討されることのない別のテーマとして、道徳論がある。イギリス経験論では認識論と道徳論はつねに切り離すことができないものとして考察されるのがつねだった。世界の認識と自己の認識、認識論と道徳論は二つの重要な局面を構成するのである。しかしカントは、道徳判断においては経験的な要素を分離させることができないために、「純粋」理性批判においてではなく、「実践」理性批判において考察すべき問題と考えるのであり、本書の「表のテーマ」からは排除されるのである。

体系区分

最後にカントは超越論的な哲学としての『純粋理性批判』の区分を考察する。カントはまず次のように大きく分類する。

㈠原理の理論
㈡方法の理論

最初の原理の理論は、人間の認識のための二つの能力、すなわち感性と知性の分析に分類される。詳しい分類は次のようになる。なお第一分冊である本書には、㈠の(a)超越論的な感性論だけが含まれる。

㈠原理論
(a)超越論的な感性論

(b)超越論的な論理学

―超越論的な分析論

―概念の分析論

―原則の分析論

―超越論的な弁証論

(二)方法論

ここでカントが学の分類のために利用した二つの能力、すなわち感性と知性が、「わたしたちには知られていない一つの共通の〈根〉から生まれてきた」(033)と書いていることは、多くの謎を生み、多くの人々の興味を引いてきた。カントは初版において は、この「共通の根」が想像力であることを示唆しており、それが時間という性格をもつ能力であることを語っている。ハイデガーの『カントと形而上学の問題』は初版を中心に、この問題を詳細に検討したものであり、ぜひ一読されたいと思う。

第二章　空間と時間

第一節　感性の「形式」としての空間と時間

感性と知性の違い

さて、いよいよ本論に入ることにしよう。すでに序論で指摘されたように、カントは人間がある客観を対象として認識するためには、二つの能力が必要であることを明確に指摘する。それは対象が与えられるための感性と、対象についての概念を作るための知性である。「経験によって生まれた認識というものですら、一つの合成物」（002）なのであり、それは「感覚的な印象という生の素材」（001）に、知性が働きかけて「対象の認識そのもの」（同）を作りだすのである。だから経験や認識を考察するためには、この二つの能力を検討する必要があり、この批判の第一部「原理論」の第一部門として、人間が対象の像をうけとる能力である感性について、超越論的な理論が展開され、第二部門では知性が検討されることになる。

この二つの能力には二つの大きな違いがある。第一に感性は受動的な認識の働きであり、外部の対象あるいは人間の内部の要因から「触発」されねばならない。これにたいして知性は、人間が何かに触発される以前から働くことのできるものであり、対象に概念を与えて、対象を思考する能動的な働きである。第二に知性はアプリオリに働くことができるものであるが、感性はアポステリオリにしか働くことがないのである。

感性の重要な特徴

いくらか繰り返しになるが、ここで感性について二つの重要な特徴をもう一度確認しておこう。まず、人間の感性の何よりも重要な特徴は、受動的なものであり、アポステリオリに直観によって知覚の素材を与えられなければならないということにある。カントはやがて神の感性と人間の感性を対比するようになる。神は感性を行使するときに、対象を作りだすことができる。神が直観するとき、物質はそこに現れる。しかし人間が直観するのは、物質がそこに存在するとき、そして対象が人間の心に作用するときだけである。「少なくとも人間においては、対象が与えられるためには、対象が必ず何らかの方法で人間の心《ゲミュート》を触発しなければならない」(034)のである。

しかしカントの経験の理論で興味深いのは、感性はアポステリオリに働くものではあるが、この能力のすべてがアポステリオリなものではないということである。ロックも同じように人間のすべての認識は経験から始まると考え、感覚と知性をその二つの源泉と考えた。しかしロックの理論では感覚と知性はどちらも受動的な性格が強い。感覚能力は外部からの印象を「観念」として知性に伝達する(これが感覚である)。人間は幼児の頃から、外界の印象の流れに囲まれていて、ひたすら印象を受動的に受けつづける。「目を開けさえすれば、光と色がどこでもすぐ忙しく働きかける。音やその他のいくつかの触覚的な性質は、その本来の感覚能力にせがんで、心に押し入らずにはいられない(13)」のである。ロックにとっては心は、そして知性は鏡のようなものである。鏡は、自分の前に置かれた事物が作りだす像を拒むことも、変えることも、抹消することもできない。「心は印象をいやおうなく受けとって、この印象に結びついた観念の知覚を避けることができない(14)」。あるいは別の比喩では、感覚は「[知性という」この暗室へ光のさしこむ窓である」[15]。知性は鏡のように、あるいは書き込まれるべき白紙《タブラ・ラサ》のように、感覚から受けとった印象を処理するだけなのである。

しかしカントは知性も感性も、このような受動的で、一方的に印象のシャワーを浴びているだけではないと考える。ロックのこの鏡と暗室の比喩のまずさは、人間の認識のメカニズムをまったく解明できないことにある。白紙の比喩はまだ、書き込む手を想定しているが、鏡はひたすら対象を映しだすだけである。

具体的に考えてみよう。いま庭に大きなケヤキの木が一本たっている。その木をミモザや椿の木が囲んでいる。新緑の頃には薄緑だった葉はすっかり育って、強い力に満ちている。一本の枝に、二羽のキジバトがとまっている。番《つがい》のキジバトで、羽繕ろいをしている。この日常的な光景を認識するとき、ぼくは鏡のように映しだしているのではなく、樹木を樹木として、枝を枝として、キジバトをキジバトとして認識している。その動作も、色も、姿も、そして匂いまで感じとりながら、対象を対象として認識しているのである。

このように外界はぼくたちにありありと、ありのままで現れる。カントは人間にありありと現れるものを現象（フェノメノン）と呼ぶ。この現象は「対象の現前を証明するもの」であるから、現象の認識は「きわめて真である」[16]。対象の現前は疑いえないものとして現れる。これは「仮象」などではないのである。

カントはこの現象は人間に「現れた」限りで「真」のものであって、そのことに疑いはないものの、それが対象そのもの、すなわち物自体であることは否定する。物自体と現象の区別はさらに詳しく考察する必要があるが、ここでは樹木もキジバトも、物自体から人間に与えられた印象という側面だけで考えられていることを確認しておこう。

アスペクトの違い

人間が感覚能力でこの対象を認識することができるためには、二つの条件が必要だとカントは考える。それが経験の「素材」と「形式」である。対象が人間にとって現象として受けとられるためには、現象の側に「素材」と「形式」が必要であり、像を受容する人間の能力（感性）の側にも「素材」と「形式」が必要である。これらが異なるのは、それを違う視点からみているからである。この視点の違いを「アスペクト」と呼びたい。同じ素材でも、現象を作りだしている物自体の側からみた「素材」

と、人間の受容する能力からみた「素材」があるが、それは同じものであり、人間の知覚した印象である。これが一致するのは、そもそもそれが同じものだからである。だから同じ対象も、対象そのものという物のアスペクトからみると物自体と呼ばれ、人間が認識する対象というアスペクトからみると、現象と呼ばれるのである。

このアスペクトの問題は、カントの哲学の隅々に入り込んでいて、これをうまく理解しないと、カントは矛盾したことを語っているとしか思えないことが多いので注意が必要だ。たとえばカントは客体あるいは客観（オブイエクト）と対象（ゲーゲンシュタント）と言葉を使いわける。ときにカントはこの二つの語を同じ意味で使っているようにみえるが、そのアスペクトに違いがあるのだ。客体や客観という語は、前に（オブ）投げる（イアケレ）という語源が示すように、「わたしの前に投げられたもの」「見えるものの基底にあるもの」という意味であり、対象という語は、「そこでわたしに向かって立つもの《ゲーゲンシュタント》」という意味である。どちらも外界の事物そのものが人間に現れた姿としての現象を指し示すが、客体という語は、現象における物のアスペクトを強く感じさせ、対象という語は、現象における現れのアスペクトを強く感じさせるのだ。

さて、この素材と形式の分類において、素材のほうは理解しやすい。さまざまな色であり、形であり、匂いであり、動きである。ところが形式という条件はどのようなものなのだろうか。これについても物のアスペクトと人間にとっての現れのアスペクトを考える必要がある。カントはここで現象の形式については、「現象のうちには、そこに含まれる多様なものを特定の関係において秩序づけることができるものがあるはずであり、これを現象の形式と呼ぶ」(036)と語っているが、これは物のアスペクトの側で考えているのである。この物の側のアスペクトに対応する人間の側のアスペクトがある。感覚そのものではなく、「すでにわたしたちの心のうちにアプリオリに与えられている」(同)ものと語られるのが、人間の側からみた感性の形式である。素材はつねにアポステリオリに与えられるが、素材が知覚されるためには、多様なものに秩序を与える形式が、あらかじめアプリオリに人間の心にそなわっていなければならないのである。

還元の思考実験

それではそれはどのようなものだろうか。感覚にアプリオリにそなわっていて、しかも現象の側にも対応するものが存在している形式的な条件は、どのようにしてみいだすことができるだろうか。これはかなり難問であるが、カントはこれを探りだすために、ある種の還元を施してみる。ただし人間の感性の側ではなく、素材を与える現象の側に還元を施すのである。人間の感性の側に還元を実行した場合には、石の彫像にさまざまな感覚能力一つずつを与えて、人間の経験の土台を構築しようとしたコンディヤックと反対に、感覚能力を一つずつ除去してゆかなければならないし、それでは最後は石に戻ってしまうだろう。(17)

素材を与える現象の側に還元を施すには、どうすればよいだろうか。カントはまず、物体に付随する性質を取りのぞいてみる。樹木の葉の色や、「感覚に属するもの」(037)を、すなわち感性によって受けとったものを取りのぞいてみるのである。次に人間が知性によって、その対象について考えたもの、すなわち実体であるとか、侵入することのできない場所を占めるものであるとか、さらに小さな部分に分けることができるものであるという思考を取りのぞいてみよう。

純粋な直観の形式的な条件としての空間と時間

カントはそれでもどうしても取りのぞくことができないものがあるはずだと指摘す

る。それは「広がり」と「形」である。それでもさらにこの物体から「広がり」と「形」すら取りのぞいてみよう。するとそれが配置される場所としての空間が残るだろう。すべての事物を取りのぞいたら何もなくなるわけではなく、空虚な空間が残るはずである。これは「感性の単純な形式として、心のうちにアプリオリに存在している」（同）のである。そしてすべての対象は、この空間のどこかに座を占めるものとして知覚されるのである。

現象としての対象は、さまざまな場所において存在しうる。しかし人間が対象を認識するときには、かならずどこか特定の場所において認識しなければならない。ロックはある物体が移動したとき、その後に残す場所を空間と考えた。その場所はかつてその物体が占有していた場所であるが、今は何も占有していない空間である。こうして物体の運動から、「その物体が捨てた場所は、固性のない純粋空間の観念をわたしたちに与える」[18]と考えたのだった。

このロックの考え方は、カントに近いようにみえるが、空間は人間が物体についてもつ「延長、形、静止、運動」[19]とならぶ一つの観念にすぎない。しかしカントは、いかなる物体もある場所を占めねばならないのだから、これはたんなる観念ではなく、認識のために必要な「形式」と考えたのである。それが「形式」であるのは、そこからはすべての「素材」が取りのぞかれているからである。広がりや形など、物体に本質的な性質として考えられたものもまた、その物体に固有の「素材」にすぎない。物体が占める場所も素材である。しかしすべての物体を滅却した後にもまだ残る空間は、人間が外的な対象を認識するために必要な「現象のたんなる形式」（039）なのである。

カントはこのような還元を施した後に残された直観を「純粋な直観」と呼ぶ。それが「純粋な」ものであるのは、すべての経験的な素材を除去しているからである。それがまだ「直観」であるのは、それが「経験的な直観」にたいして還元を施して、そのすべての個別的な素材を取りのぞいた後に残された直観だからである。これはもはや「感覚を欠くが、だからといって知性的ではない[20]」ものである。

ところで人間が認識するのは外的な対象だけではない。人間の心と意識も認識の対象となる。心の中には「空間的なもの」は存在しない。ただ人間の自我の思考と意識の「流れ」だけが存在するのである。カントはこの「流れ」というものが意識されるためには、時間という形式が必要であると考える。空間的な場所を占めない意識の流れは、時間のうちだけに場所を占めることができるのである。

また空間の事物が変化するとき、風が流れ、木々の葉がそよぎ、キジバトの鳴く声が聞こえるとき、そこに時間の流れが知覚される。時間は心の意識の内部だけでなく、外の世界でも対象を知覚するために必須の形式的な条件として存在しなければならないのである。この時間という形式もアポステリオリなものではない。アポステリオリな経験を可能にするためにアプリオリに存在していなければならないものである。このようにして、カントは感性にそなわる「二つの純粋な形式」(同)として、空間と時間を取りだしたのである。「これはアプリオリな認識の原理」(同)なのである。

第二節 感性の条件と「物自体」

問題提起

ここでカントは重要な問題提起を行う。人間の感性にはこのように、空間と時間という二つの「形式」的な条件が存在することが明らかになった。これはアプリオリなものとして、経験以前にすでに感性にそなわっているものでなければならない。しかしこれは事物とどのような関係にあるのだろうか。この条件と事物の関係として、次の三つの場合が考えられる。

第一は、事物そのものにこの条件がそなわっていると考えるものである。その場合には、事物そのもの（物自体）がこの形式的な条件のもとで存在していると考えなければならなくなる。しかしそのときには、人間の認識の可能性を説明するのがきわめて困難になる。[21] 空間と時間という条件は、人間の感性が行う純粋な直観の形式的な条件である。これは知覚する人間の側の条件なのだ。その条件が事物に固有の形式的な条件としてそなわっていると考えるのは奇妙である。事物は固有の存在条件をそなえているはずであり、それが人間の条件と一致することを求めるのは、無理なのである。

第二は、それが事物そのものにそなわるのではなく、事物と事物の関係を規定するものと考えるものである。しかしこの場合にも、前と同じ困難な問題が発生する。やはり、事物のあいだの関係を規定する形式的な条件が、人間の純粋な直観の条件と一致すべき理由はないのだから、人間が事物と事物の関係を認識することも望むべきではないのである。

第三は、それが事物そのものにも、事物と事物との関係にもそなわるものではなく、人間の直観の条件だけにすぎないと考えるものである。事物にそなわる形式的な条件は人間には理解することはできない。人間に可能なのは、ただみずからにそなわることの二つの形式によって、外的な事物を直観することだけである。「わたしたちは精神のいかなる努力によっても、空間と時間の形式にしたがって生じる直観以外の他の直観を[22]」手に入れることはできないのである。

カントがこの第三の立場に立つものであることは明らかだろう。第一の立場は、人間が物自体を認識できると考えるものであり、第二の立場は、物自体ではないとしても、物自体の間の相互的な関係を人間は認識できると考えるものである。どちらも人間が物自体を認識できることを前提とするものである。これにたいしてカントの第三の立場は、人間には物自体を認識することはできず、直観にそなわる条件にしたがって、その現象しか認識できないと主張するものである。

しかし人間には物をそのあるがままに認識することができないのだとすると、そこに大きな問題が生まれる。「この空間および時間の直観は、わたしたちがみずから作りだした妄想にすぎないのではあるまいか、それにはいかなる対象も、少なくとも十全には対応[23]」しないのではないかという懐疑論的な疑問が生まれるのは避けられないからだ。しかしカントは、まさにこの立場にたつことによってこそ、懐疑論への「真の解毒剤[24]」がもたらされるのだと考えるのである。これについては、本書でさらに詳しく検討していくことになる。

じつはこの三つの立場は、カントの時代における空間と時間をめぐる論争、とくに空間論の三つの主要な論点を浮き彫りにするものであり、カントはこの空間をめぐる論争のうちから、直観のこの二つの形式についての考察をねりあげてきたのである。本文の空間と時間の形而上学的な解明と超越論的な解明について検討する前に、この論争についてざっと調べてみることにしよう。

ニュートンの空間論――絶対空間論

まず論争の出発点となったのはデカルトである。デカルトは空間とは実体としての延長のことであり、これは物体から取りさることのできないものだと考えていた。人間は物体が存在することを明証的に認識している。「われわれは長さ、幅、深さの延長をもつ何らかの事物を感覚している[25]」のであり、この事物は延長によって規定されるのである。「物体の本性は重さ、堅さ、色などに存するのではなく、ただ延長のみに存する[26]」のである。

そしてデカルトは「空間を構成している長さ、幅、深さにおける延長と、物体を構成している延長はまったく同じものである[27]」と考えるのであるから、空間は延長であり、延長は物体の延長と同じものだということになる。

もちろんデカルトは物体を取りのぞいた後に、空虚な場所が残ることは認めているが、その場所はただちに別の物体（空気など）によって占められる必要があると考えている。それがなくなると、その場所は消滅してしまう。デカルトはある思考実験を提案する——神が容器に含まれる物体をその容器から取りさったならば、どうなるだろう。もしも別の物体をそこに入れないならば、「容器の内側の壁がたがいにくっつきあう」だろうとデカルトは答える。「あらゆる距離は延長の様態であり、したがって延長している実体なしには存在しえないから[28]」である。

このデカルトの空間論は真空を認めないものであり、真空とみられる場所には、不可視の微細な粒子が存在しているはずだと考えていた。トリチェリは水銀管で真空の存在を示す実験をしたのだが、デカルトはそこには微粒子があると、動じなかったのである。宇宙はこうした微細な物質で充満していると考えたのだ。デカルトは天体の運動も、この物質が渦を形成していることによって、あるいは微粒子としてのエーテルが天空に存在することによって説明しようとする。真空が存在しているならば、ある天体が他の天体に及ぼす遠隔力を説明できないと考えた。

この説明には、天体の運動を渦動やエーテルとの接触という近接作用によって説明するという利点がある。ただしこの説明は、すべてのものを接触という衝撃によって説明しようとするために、すべての運動がその運動する主体から眺めたものとなってしまう。デカルトは、船にのっている人が、岸辺を眺めて、それが背後に去っていくのをみたならば、自分が船に乗って移動していることを認識するだろうが、船をみるならば、「自分を動いているとは思わないだろう」(29)と指摘し、その人自身は船の中では静止していると考えるべきだと主張する。

デカルトの運動論では、移動している船の内部の運動は、陸地の上での運動と区別をする必要がないものである。しかし、もしも地球を上から眺めている視点が存在していたならば、この二つの運動は明確に区別すべきものである。船の中の運動は、乗船している人の目からではなく、神のような絶対的な視点から眺める必要がある。

ニュートンは、相対的な運動と絶対的な運動について、次のように説明する。

いま船が存在している地球の部分は東に向かって10010部分の速度で真に運動し、また船は帆に風をはらんで西方に10部分の速度で運ばれるとし、一方水夫がこの船上を東に向かって1部分の速度で歩くとしますと、この水夫は、不動の空間に対しては10001部分の速度で東に向かって真に絶対的に動き、また地球に対して相対的に西に向かって9部分の速度でもって動く、ということになります[30]。

だからニュートンは、すべての運動には、その運動の主体の視点からみた相対的な運動と、「不動の空間」に対して「真に絶対的に動く」絶対的な運動があり、その二つを区別して考えるべきだと主張する。そしてさまざまな相対的な運動を理解するためには、その背後に絶対的な空間が存在していなければならないと考えるのである。この絶対空間の概念こそが、カントが示した第一の空間論である。

しかし問題なのは、この地球で生活する人々がふつうに経験する「日常的なもの」と異なる「数学的なもの[31]」として考察される絶対的な運動とは、そしてその絶対的な運動の場である「不動の空間」とはどのようなものだろうかということである。そしてこのまなざしをもつのは誰なのだろうか。船の中で歩く水夫の絶対的な運動を眺めるのは誰なのだろうか。

この不動の空間について少し考えてみよう。この空間は「不動の」という形容が示すように、不動であり、不変である。この空間はさらに唯一のものである。場所や相対的な空間は多数存在するが、この不動の空間は宇宙にただ一つしか存在しない。そしてこの空間はすべての人の運動を絶対的に規定するものだから、普遍的なものである。さらにこの空間は無限である。「絶対的な空間は、その本性として、どのような外的事物とも関係なく、つねに同じ形状を維持し、不動不変のままのもの(32)」なのだ。

ニュートンの物理学が自然科学としての理論性を確保するのは、この絶対空間と絶対時間においてであるが、この空間や時間の性質は、唯一で、不動で、普遍的で、無限であるという、絶対者の特性とまったく一致する。その背後には、形而上学的な理念や神学的な理念がひそんでいるのだ。この空間は神の空間なのである。近代的な物理学は、この神のようなまなざしで事物を眺める絶対空間という視点のもとに構築されるようになるのである。

ニュートンはデカルトを批判しながら、空間をこのような絶対的なものと考えずに物体と同じものだと考えるのは、偉大な創造主である神の偉業を貶《おとし》めるものになるのではないかと、次のように主張する。

われわれがデカルトとともに、延長が物体であると主張するならば、それは無神論への道を公然と歩むものではないだろうか。その場合には延長は創造されたものではなく、永遠に存在してきたことになり、神との関係なしに、われわれは延長についての絶対的な観念をもつことになるだろうし、神が存在しないときにも、時間が存在すると考えることができるだろう(33)。

ニュートンにとっては、物体が存在する場所である空間は、神が万物を創造するために必要としたものである。もしも還元の手続きを採用して、すべての物体を消去したならば、そこには神がさまざまな事物を創造する前から存在していた空間が残されるに違いない。だから物質が存在しない場所は、デカルトが考えたように潰れるのではなく、神が別の事物のために残しておいた空虚な場所として残るのである。ニュートンは「空間は無限に分割可能であり、物質は必ずしもすべての場所に存在しないから、神が物質粒子をそれぞれの大きさと形態に、空間に対してそれぞれの比率に、そしておそらくそれぞれの密度と力をもつように創造[34]したと考えるべきなのだと主張する。

ニュートンはさらにこの絶対的な空間が、神の「感覚中枢」（センソリウム）のようなものだと形容するにいたる。それには遠隔力である重力が働くメカニズムがどうしても説明できないという困難に直面したニュートンの苦労がある。ニュートンは渦動やエーテルなどでこの力を説明するデカルトを批判して、こうした物質が存在しない真空が存在することを指摘する。渦動のようなものが運動を伝達するのではなく「太陽と諸惑星は、それらのあいだに密な物質なしに、たがいに引き合う[35]」という不思議さに直面する。そしてこれを説明するには、神のような絶対者を想定せざるをえないと、次のように語るのである。

無形の、生きた、知性を備えた、遍在する存在があり、彼は無限の空間において、あたかも彼の感覚中枢におけるように、事物そのものを奥底まで見、それをすっかり知覚し、事物が彼自身に直接臨在するためにそれらを完全に理解するような存在であることは諸現象から明らかではないか[36]。

ニュートンはデカルトの即物的な物質観と空間観を否定して、自然科学的なまなざしを導入したのだが、そこに同時に神学的な要素がもちこまれたことも否定できない。この空間と時間は、人間のような相対性を刻印された観察者の視点を否定するものでありながら、しかも人間はこの空間の立場に立たなければ、自然法則を認識できないことになる。ニュートンは神の威力でそれが可能となると考えていたが、有限な人間にどうしてそれが可能なのだろうか。

ライプニッツの空間論——関係としての空間

この神の「感覚中枢」(センソリウム)としての絶対的な空間という観念に激しい攻撃を浴びせたのがライプニッツだった。ライプニッツも絶対者としての神という理念には同意する。しかし空間がそのようなものであると考えることは、神の絶対者としての威厳を損なうものではないかと指摘するのである。「ニュートン氏は、空間というものは神が事物を感覚するために用いる器官だ、と言っています。しかし、もし事物を感覚するための何らかの手段を神が必要とするなら、事物は完全には神に依存することにならず、神の生産物ではなくなってしまいます[37]」。

ニュートンの代理としてライプニッツに反論したクラークは、ニュートンは空間を神の感覚能力とは言っていない、空間に存在する「事物は神自身により形作られ、神はその事物を、それが存在する場所においていかなる中間物もなしに見るのです。かかる類似関係こそ、ニュートン卿が無限空間を遍在的な存在の（いわば）センソリウムと想定した際に意味していたことのすべてなのです[38]」と弁明する。

しかしライプニッツの痛烈な批判に懲りたニュートンは後に『プリンキピア』の第三版では、神のセンソリウムや、遠隔運動のメカニズムなどについて、「わたしは仮説を立てません[39]」と弁明するにいたるのである。

しかしニュートンの「仮説」への攻撃は別としても、ライプニッツは絶対的な空間と時間という理論的な枠組みそのものに、神を否定する要素があると考える。すでに考察したように、絶対空間には絶対者と同じ特性がそなわっているのであり、神とは別にこのような絶対空間が存在すると考えることは、「神の他に無数の永遠な事物があることにな[40]」るからである。「空間が絶対的な実在であるならば、……実体よりもさらに存続し、神はそれを破壊しえないし、わずかでも変えることさえできないでしょう[41]」。

ライプニッツは神という絶対者の存在を確信するからこそ、空間は絶対的なものであってはならないと考えるのである。ライプニッツは、人間が空間という観念をもつのは、さまざまな事物が同時に存在していて、たがいに位置関係が決定され、あるいは運動によってその位置関係を変えるからだと考える。

多くの事物の位置関係がすでに決定された後で、新しい事物が到来して、すでに存在していた事物が移動した場合には、「この新しい事物は、最初のものがあった場所に来たと言われ、この変化は運動と呼ばれる[42]」のであり、「これらのすべての場所を含むものが空間と呼ばれ[43]」るのである。だから「場所という観念と、従って空間という観念をもつには、それらの事物の関係と事物の変化の規則を考察すれば十分なのであって、その位置が考察されている当の諸事物の外なる絶対的実在などというものをここで考えだす必要はない[44]」ということになる。

ライプニッツは、空間という観念は、さまざまな事物の絶対的な位置と運動を決定する実在的な「神の感覚中枢」のようなものではなく、人間がさまざまな事物の相互の関係を理解するための秩序にすぎないと考える。「空間、形、運動、静止の観念のように、複数の感覚能力に由来すると言われている観念は、むしろ共通感覚、つまり精神そのものからやってきます。なぜならこれらは純粋知性の諸観念だからです[45]」。

カントの空間論——ニュートンとライプニッツの批判

このライプニッツとニュートンの論争は、カントにも大きな示唆を与えた。ファイヒンガーは、「カントは一七六八年から一七七〇年にかけて、この「論争をふたたび詳細に検討した[46]」と語っているが、すでに述べたようにニュートンの理論は、前記の第一の立場に立つものである。空間と時間が事物そのものの実在的な性質であり、すべての事物はこの条件のもとで成立していると考えるのである。空間が神の「感覚中枢」であるということは、そのことを意味しているのである。これにたいしてライプニッツの立場は、少なくとも当時のドイツでヴォルフのもとで理解されていたライプニッツの哲学の立場は、空間と時間が事物そのものにそなわるのではなく、事物と事物の「関係を規定する」と考える第二の立場をとるものである。この論争をどのように解決するかが、本書の空間と時間についての「解明」の重要な課題となるのである。

この『純粋理性批判』以前にすでにカントは、双方の理論の批判を開始していた。

まずカントは空間が神の「感覚中枢」であるというニュートンの理論を批判する。カントは一七七〇年の書簡において、形而上学に先立つ準備的な学問（カントはこの時点ではこの学を一般現象学と呼ぶ）が必要であり、そこにおいて感性の諸原理の妥当性と限界を規定する必要があることを指摘する。これは純粋理性の対象についての判断の誤りを防ぐものであって、「空間と時間、そしてすべての事物は空間と時間の関係のもとで考察されるという公理、これらは経験的認識と感覚能力のすべての対象についてはきわめて実在的であり、現実にすべての現象の、そして経験的判断の条件を含んでいるのですが、他方、あるものがけっして感覚能力の対象としてではなく、普遍的で純粋な理性概念によって、事物あるいは実体一般などのようなものとして思惟される場合には、それを感性の根本概念と考えられているものに従わせようとすれば、非常に間違った命題が生じる」[47]と指摘している。ニュートンのように、空間や時間を神の「感覚中枢」と考えることは、事物を「普遍的で純粋な理性概念によって、事物あるいは実体一般」として考えることであり、これは大きな錯誤をもたらすというのである。もし人間にこのような形で事物や実体一般を認識できるのであれば、すなわち人間が物自体を認識できるのであれば、人間は経験の領域をこえて、神と同じような知性をもつことになる。

そのようなことを想定した場合には、非常に大きな難問に直面するとカントは考える。人間が物自体を認識できると考えるときにどのような二律背反に陥るか、という視点は、本書の核心を貫くものである。純粋理性批判はこのような認識の不可能性を証明することを重要な課題としているのである。その意味では、この超越論的な感性論の部分は、全体の枚数と比較すると、わずかな枚数しか占めていないものの、当時の重要なテーマであった空間と時間の概念を手がかりに、人間が物自体を認識できると考えた場合に発生する大きな難問を解き明かそうとするのである。その意味ではこの超越論的感性論は、本書の目的にとって、超越論的な分析論と同じように大きな役割をはたしているのである。

これにたいしてライプニッツの「関係」としての空間と時間という考え方には、すでに一七六八年の「空間における方位」という論文で批判を加えていた。カントはここで「不一致対称物」というおもしろい概念を提起する。それは「同一の限界内には含まれることがありえないが、他の立体に完全にひとしく、類似している一つの立体[48]」である。たとえば線対称の二つの三角形を考えてみよう。ふつう幾何学で考える合同とは、二つの図形を動かして、ちょうど重ね合わさるときのことである。三角形を動かしてピッタリと重なって一致すれば、合同であることが確認される。しかし線対称の場合には、二つの三角形は全く同じ形をしていても、動かして重ねることができない。鏡に映った二つの立体も同じである。左手を鏡に映すと右手である。しかし鏡に映したものであるから、ほんとうはまったく同一なものである。しかし右手は左手と決して重ならない。それは人間の実際の右手と左手についてもあてはまる。右手と左手がまったく同じ形であったとしても、右手の手袋を左手ではめることはできないのだ。

ライプニッツの主張するように、「空間はただ物質のたがいに併存する部分の外的な関係だけに存在する」[49]ならば、左手の空間も右手の空間も「この手の占有する空間」であるだろう。しかし「手のさまざまな部分相互の関係の中にはいかなる区別もない」はずである。それならば「その手は人体のどの側にも適合することになるだろう。しかしそれは不可能である」[50]。だから空間をたんに事物の関係だけから考えてはならないことになる。

カントのこの論文はこれに基づいて「絶対的な空間」の存在を主張している。ただしこの絶対的な空間は、ニュートンのような神の「感覚中枢」ではなく、「外的な感覚のすべてを初めて可能にする[51]」ものである。ライプニッツの言うように、物質の相互的な位置関係によって空間が生まれるのではなく、空間によって、物質の相互的な位置関係が決まるのである。空間はその意味で「絶対的で根源的な[52]」ものだと、この時点のカントは考える。

もちろんカントはやがて、空間と時間をこのように絶対的なものと特徴づけることはやめる。大きな誤解を招きかねないからである。そして「不一致対称物」の議論は『純粋理性批判』からは姿を消す。しかしカントがこの着想を放棄したわけではないことは、『プロレゴメナ』にこの議論がふたたび登場することからも明らかである。

しかし『プロレゴメナ』ではこの議論がライプニッツの議論ではなく、ニュートンの議論に反駁するために使われていることは興味深い。カントはふたたび鏡の像をもちだして、左手を鏡のうちに映した像は右手になることを指摘する。知性の働きでは、この二つのものは内的には違いのあるものとして認識することができない。しかし感覚はこれが違うものだと教える。「左手と右手はたがいにまったくひとしく、かつ似ているにもかかわらず[53]」合致することはない。右手の手袋を左手にはめることはできない。

以前の「空間における方位」論文では、空間とは事物の関係であるとすると、内的に同一であるものが異なる場所に存在することを説明できなくなるから、空間は事物とは独立して存在することを証明するものだとされていた。しかし『プロレゴメナ』ではこの不一致対称物は、空間と時間が物自体のように存在するのであるならば、まったく同じものが二つの異なる空間に存在しうるということが説明できなくなることを示すために使われているのである。「空間と時間とが物自体そのものに属する現実的な性質である」と考える（ニュートンのような）人も、この不一致対称物という「逆説」を調べてみれば、空間と時間は「わたしたちの感覚的な直観のたんなる形式」にすぎないことを認識できるだろうというわけである(54)。カントのこの議論は、ライプニッツ的な空間論にも、ニュートン的な空間論にも、同じように有効に働くことになる。

ただしカントのこの議論は、そのままでは説得力はない。ぼくの左手と鏡の中の右手の像は身分が違うからだし、左手と右手がまったくひとしいわけではないからだ。しかし線対称の三角形を動かして重ねて合同を証明することができないのはたしかであり、鏡像がライプニッツの有名な原則（内的な違いが証明できないものは、同一のものとみなすという議論）[55]への効果的な反論になっているのはたしかなのだ。

第三節　空間と時間の形而上学的な解明

「解明」について

ニュートンとライプニッツの議論にたいしてカントが提起しようとしている空間と時間の概念の要点は、それが人間の感性の形式にほかならないということにある。ニュートンの考えたように、「物自体に属するもの」（040）でもないし、ライプニッツの考えたように（正確にはライプニッツ派のヴォルフであるが）「事物の規定」（同）あるいは「事物のあいだの関係」（同）でもなく、「わたしたちの心の主観的な特性に付着するもの」（同）にすぎないのである。そのためにカントは空間と時間について、「解明」を行おうとする。

この「解明」という方法は、この超越論的な感性論に固有の方法であり、証明という方法や、根拠づけ（＝演繹）という方法とは、明確に異なるものである。証明（デモンストラティオ）という方法は、幾何学でよくみられるように、語の定義と、前提となって証明することのできない定理だけに基づいて、論理的にその命題の正しさを示すものである。根拠づけ（デドゥクティオ）という方法は、カントが超越論的な知性の理論で採用するものであり、カテゴリーがどのようにして「ほかのところから」導かれ、その根拠づけを獲得するかを示すものである（これについては根拠づけのところで再び触れたい）。

これにたいして「解明」（エクスポジティオ）という方法は、この語が「外に」（エクス）「置いて、示して」（ポーネレ）という語から派生していることからわかるように、その内側に秘められていたものを、外に開いてみせるという意味をそなえている。自分では分かっているものを、他者に理解できるように示すという行為なのだ。

たとえば円というものを考えてみよう。円は何かと尋ねられたら、それを示す方法は二つある。その定義があてはまる実物を示してやればよい（これを外延的な定義と呼ぶ）。あるいはそれを概念によって説明してやればよい。ある一点から等距離にある点の集まりというふうに（これを内包的な定義と呼ぶ）。そしてそれを具体的に示すためにはコンパスをもってきて、ある点を中心として、等距離の点の集まりを描くためにコンパスを回してやると、くるりと円が描ける。どちらにしても誰にも間違いのない円を示すことができる。

しかし時間というものはどうだろう。時間とは何かと尋ねられたら、時間を「ほら」といって示すことはできない。外延的な定義では時間を説明できない。しかし時間について言葉で内包的な定義を示そうとしても、ただ困惑するだけだろう。アウグスティヌスが語ったように、時間とは「だれもわたしに問わなければ、わたしは知っている。しかし、だれか問うものに説明しようとすると、わたしは知らない」(56)としか言えないわからないものだからだ。

そのときにはどうすればよいだろうか。空間や時間の概念のうちにすでに含まれているものを、「明確な像」(040)として、他者に示すしかないのである。「時間とはそもそもこんなものです」というふうに。相手も時間についてはよく知っているのだから、説明されればすぐに理解できるだろう。それが「詳細な像でなくてもよい」(同)というのは、それが相手にも薄々でも理解されているものであり、さまざまな視点から説明を重ねてゆくことで、その概念の全体像がみえてくればよいものだからだ。

この解明という方法が、感性の形式である空間と時間のように、周知でありながら、誰にも説明のしにくいものについて採用されているのは、妥当なことだと思う。超越論的論理学のところで考察される知性の純粋な概念（カテゴリー）については、それを実際に導き、実際に使ってみるという方法で、すなわち「根拠づけ」によって説明するのが妥当であるのと同じである。

ところでカントは空間と時間については二つの「解明」方式を提示する。形而上学的な解明と超越論的な解明である。形而上学的な解明とは、ある概念にアプリオリに含まれるものについて、「明確な像を描くこと」（同）とカントは説明している。空間と時間の概念を分析していくことで、その概念がアプリオリなものであり、経験的な要素を含まないことを示すのがこの解明である。

超越論的な解明とは、ある概念を原理として解明するときに、その「他のアプリオリな総合認識の可能性」（045）を洞察しようとするものである。その概念がたんにアプリオリなものであるだけではなく、その概念によらなければ他のアプリオリな総合が不可能となることを示すのがこの解明の役割であり、しかもそれをアポステリオリにではなく、アプリオリに説明することが重要なのである。

具体的には、カントは空間について四つの形而上学的な解明を行い、一つの超越論的な解明を行っている。時間についても、四つの形而上学的な解明と一つの超越論的な解明を行っている（ただし超越論的解明を形而上学の解明のうちに含めてしまって、後で言い訳をしているのである。段落059参照）。それを空間と時間の両方について、順番に調べてみよう。

空間の第一の解明

まず第一の形而上学的な解明の目的は、その概念が経験的にえられたものではなく、アプリオリな性格のものであること、経験に先立つだけでなく、経験を可能にするものであることを示すことにある。その意味では形而上学的な解明には、経験の成立を可能にする条件についての考察であるほんらいの意味での「超越論的な」解明も含まれることになる。だから第二の超越論的な解明は、経験の成立の条件という批判そのものの解明よりも、この空間と時間が、さまざまな科学の成立のための超越論的な条件になっていることを示そうとするのである。

まず空間については、それが「人間の外的な経験から引きだされる経験的な概念ではない」（041）ことが指摘される。空間という概念は、すでにすべての人が経験において熟知しているもの、しかしそれについての明確な観念を築くことができていないものなのである。知覚するときには必ず、アプリオリな形ですでに空間の観念が存在していなければならないのである。

人間がある対象から触発されて、感覚が起こるためには、その対象が空間のどこにあるかということを確認することが必要であり、そのためには「空間という像［＝表象］がすでにその土台となっていなければならない」（同）ことになる。さまざまな事物が異なった場所のうちに存在していることを知覚してきたこれまでの経験によって、空間という観念が抽象されて生まれたのではなく、さまざまな場所に配置された事物を知覚するためには、場所の可能性を作りだすための空間の像が必要であるとカントは強調する。空間の観念は事物の知覚を可能にするアプリオリな条件なのである。

たとえば朝になって目が覚めて、起床するとしよう。するとぼくの前に部屋の全体がみえてくる。部屋にはさまざまな家具が配置されている。テーブルがあり、椅子があり、ソファがある。そしてぼくがテーブルをそこにあるものとして認識するためには、テーブルがあるべき場所が定まっていなければならない。そしてその場所はある奥行きのもとで、眺められたものでなければならない。

もしもぼくが生まれつき盲目であって、開眼手術をしたとする。そのときぼくの前に見えるのは、さまざまな色の配置だけだろう。すぐには椅子を椅子として認識することも、椅子のある場所を認識することもできないだろう。長い訓練を経て、空間の奥行きを認識することができるようになって、こうした認識が初めてできるようになるものなのである。だから椅子を認識するということは、個物としての椅子についての概念をもち、しかも椅子が一つの奥行きのある空間のうちで、ぼくからどれくらい離れた場所にあるかということを認識するという行為と切り離すことはできないのだ。椅子を知覚できるということは、空間のうちで椅子が壁やテーブルとは違った個体としての存在をそなえていること、そして空間のうちである場所を占めていることを認識できるということだ。空間の奥行きが認識できない場合には、紙の上に絵具を塗りたくったようなものしか見えないはずである。事物を知覚するためには、空間の観念が前提となり、条件となるのはたしかだろう。

空間の「絶対性」について

そしてこの空間は、そこに存在している事物とは独立した性格のものである。空間が人間の認識のためのアプリオリな条件であるという意味では、これはすべての人から独立した「絶対性」という意味あいをそなえている。この絶対性の意味を考えるために、ここで簡単な還元の思考実験をしてみよう。部屋の中にはテーブルから椅子、ソファ、食器棚にいたるまで、さまざまな家具が置かれている。その部屋からテーブルを運びだしたらどうなるだろうか。もしも空間が物に付着しているのだとすると、デカルトの言ったように、テーブルのあった空間も、テーブルと一緒に運びだされてしまい、テーブルのあった空間だけ、部屋は縮んでしまうだろう。しかしテーブルのあった空間は、はっきりとその痕跡を残しながら、部屋の中にそのまま残されている。

引っ越しをするためにすべての家具を運びだしたあとの、あの空虚な感じは忘れ難いものだ。この狭い空間でどうして生活できていたのかと不思議に思うほどだ。家具が占めていた場所は、その空虚さをあらわにしているが、それでも空間は空間として残っている。だから家屋までもとりのぞいても、まだ土地という空間が残るし、空間は事物をいれる場として、事物から独立しているわけだ。その意味では空間は客観的なものであり、事物に付着したものではない「絶対的な」ものだということになる。

しかしこの絶対性は、ニュートンが考えたような神のまなざしからみた絶対性ではない。そのことを考えるために、方位という問題を考えてみよう。カントは批判前期に方位についての論文を発表しており、そこでこれに関連した二つの興味深い点が確認できるのである。第一に、空間における右と左という違い、すなわちある空間が方位をもつためには、人間が身体的な存在であることが条件となるということをカントは強調する。

空間には絶対的な方位として、太陽の位置を基準とした東西南北の方位が定められている。ぼくが北を向いて、南面する君と向き合っているとしよう。ぼくにとっては東は右手の方向にあり、君にとっては東は左の方向にある。それでも君もぼくも、東を指差せと言われたら、同じ方向を指差すだろう。この方位は個人の違いによらず、客観的で絶対的なものである。

しかしぼくの左は君の右である。右を指せといわれたら、ぼくは東の方を指すだろうし、君は西の方を指すだろう。右と左は、その個人にとってだけのことであり、相対的なものである。この違いを作りだすのは何だろうか。それはそれぞれの人が身体をもっているということなのだ。もしも太陽がつねに南中していたならば、東と西ということはまったく意味をもたないだろう。しかし太陽が移動し、ぼくの左にあるか、右にくるかで、太陽ののぼる場所と沈む場所という方位が意味をもってくるのである。

カントはそのことを星座を例として説明する。完璧な星座の配置を知っていたとしても、星空を眺めて、「星相互の位置だけでなく、私の両手に対して星座がどのような位置にあるかによって、方位が決定されなかったならば、きわめて精密な星図でさえ、私がそれをいかに正確に頭にいれておこうとも、一つの既知の方位、たとえば北から地平線のどの側から太陽が昇るかを私は知ることができないだろう(57)」とカントは語るのである。

だから方位の絶対性も、自分の身体にとっての左か右の違いによらなければ、それほど意味のないことなのである。これはすでに考察してきた右手と左手という「不一致対称物」とともに、カントのこの考察で興味深い第二の点は、人間が身体をもつことによって、固有の場所を占めていると同時に、他者の身体の存在を認めることによって、客観的なものに到達できるということである。北という方位は絶対的なものであり、それは誰にとっても同じものである。左という方位は個人的な意味では絶対的なものであり、誰にとっても同じものでありながら、向き合ったぼくと君ではたがいに異なるものである。この左と右という方位については、絶対的なものの相対性という性格が（ぼくの左は君の右である）そなわるとともに、そこに個人の単独性が生まれること、そして相対的なものの絶対性という性格が（君にとってもぼくにとっても左は左だ）そなわっていて、そこに客観性と人間の相互理解の可能性が潜んでいることに注目しよう。

このように空間の中にさまざまな事物を定位することができ、その方位と奥行きを知覚することができるのは、人間の身体にある幅と奥行きがあり、そして両目にもある幅と奥行きがあるからである。方位も奥行きも、人間の身体にとってしか意味をもたないのであり、方位や奥行きを可能にしているのは、人間の身体なのである。ぼくたちが一人の人間として他者に代わることのできない唯一性をそなえているのは、身体をもっているからであり、また他者とのあいだで客観性を認識できるようになるのも、また身体をそなえているからである。空間や時間が意味をもつのは、ぼくたちが身体的な存在だからだ。(58)

時間の第一の解明

カントは時間の形而上学的な解明においては、時間が「何らかの経験から引きだされてきた経験的な概念」(054)ではないことを指摘する。あるものが同時に存在するとか、あるものに引きつづいて別のものが継起するとかを知覚できるためには、そもそも「時間という像」(同)が土台となる必要がある。時間の像は、出来事が知覚できるために、必要な条件なのである。

空間と同じように時間にも絶対的な時間としての性格と、相対的な時間としての性格がそなわっている。ぼくたちは一つの客観的で絶対的な時間のうちに生を送っている。その絶対的な時間がなければ、電車は動かないし、打ち合わせのために時間を約束することもできない。しかし誰もが固有の時間のうちに生きている。ぼくの生きる一時間と君の生きる一時間は同じ長さでありながら、しかしぼくにとっての長さと君にとっての長さは、内的には異なるはずである。それが誰にも同じものであったならば、個人の違いというものが消滅してしまうだろう。

第二の解明——アプリオリ性

第二の解明において問題になるのは、空間と時間がアプリオリなものであることから生まれる当然の結論を確認することである。空間はアプリオリに与えられているものであるために必然的なものである。あるものを知覚するためには、空間はかならず想定されていなければならない。空間は知覚に必ず必要な条件なのである。「だから空間は、さまざまな現象が可能になるための条件なのであり、現象に依存した規定の一つと考えてはならない」(042)とカントが指摘するとおりである。

時間も同じく必然的なものである。同じように還元を施してみよう。何か仕事に没頭していると、あとで思わぬ時間が経っていることに気づくことがある。それでも何時から何時までどんな仕事をしていたかは、思いだすことができる。その仕事をしなかったならば、経過した時間がそれだけ短くなるのではなく、何もしなかった時間、あるいは別のことをした時間が経過しているはずだ。だからその時間が主観的にどれほど短く感じられようとも、誰もが一つの客観的な時間の流れの中で生きているのだ。そこから個々の出来事の時間を取りのぞくことができるとしても、「時間そのものは(現象を可能にする一般的な条件として)、取りのぞくことはできない」(055)のである。

第三の解明――空間と時間の「唯一性」

空間の第三の解明と時間の第三の解明で考察されるのは、空間と時間の「唯一性」

である。もちろん空間はさまざまな場所に分割できるのであり、それぞれの場所は個人にとって意味の異なるものである。しかしさまざまな部分的な空間を合成して、一つの全体の空間が考えられるのではない。「部分的な空間は、単一の空間の内部でしか考えることができないものなのである」(043)。人々が私的な空間として占めている場も、世界という公的な空間の一部であることでしか、意味をもたないのである。

同じことは時間についても語ることができる。古代のギリシアのヘラクレイトスは、夢見るときのように自分だけの時間に籠《こも》る者は、大きな共同性から外れてしまうと語ったことがある。誰もが自分だけの時間の流れのうちに生きているが、それが時間として意味をもちうるのは、他者とのあいだで共有した大きな一つの時間のうちの一部であり、他者もまた私的な時間を生きながら、この大きな時間のうちで暮らしているからなのである。

この空間と時間の唯一性は、このようにすべての人々が世界のうちで生きているという事実だけでなく、空間と時間が人間が知覚するために必要なアプリオリな形式的な条件であることによっても生まれる。カントはこのことを空間と時間が「純粋な直観」(同)であるという言葉で表現する。空間と時間が「直観」であるというのは分かりにくいかもしれないが、ここではこれを、空間と時間が純粋な直観の形式であることを意味するものだと考えよう。ぼくたちは誰もが何かを知覚するときに、空間と時間という形式に依拠するのであり、その形式は、すべての人に共通なものとして普遍的なものである。その普遍性から、人々が生きる空間と時間の唯一性が結論されるのである。これは人々が世界という一つの共通の空間と時間を生きているという事実とは異なるものであり、人々が知覚するための条件の共通性によるものなのである。それが「直観」と表現されるのは、概念は複数のものに適用されるが、直観は唯一のものだからである。ある論者が指摘しているように、「直観は多数なものが統一されていることを示し、概念は多数のうちに統一されたものが含まれていることを示すからである」(59)。

第四の解明――空間と時間の無限性

カントはこの第四の解明においては、空間と時間の無限性を説明するが、これは第三の解明と結局は同じことを意味する。空間が個別的に分散したものであるならば、それは有限であろう。直観する人の数よりも増えることはないからである。しかし空間は人々に共通なものとして、それでいて無限に分割可能なものとして存在しているとカントは考える。これは時間についても同じである。多数の時間を合わせても、無限の時間が生まれることはない。それにたいして一つの共通の時間は無限に分割することができるのである。

これについてカントは前の解明と同じように、概念と直観の違いでこれを説明しようとする。概念は判断力の働きのもとで、さまざまな対象のうちから共通なものを抽象して取りだされたものである。判断力とは、個別の事物をひとつの概念の「もとに、含む」(044)働きをするものである。この〈もとに〉ということで考えられているのは、さまざまな対象がその共通な性格によって、ある概念に包摂されるものとして考えられるということである。さまざまな対象そのものがその概念〈のうちに〉含まれるわけではない。

しかし空間と時間は概念ではなく、直観という行為においてその形式的な条件としてつねにそなわっているものである。直観は概念とは異なってただ一つのものであり、その空間や時間の〈うちに〉無数の像を含むことができるものである。ただひとつの空間と時間は、「無限に分割され」(同)ることができるからである。

第四節　空間と時間の超越論的な解明

空間の超越論的な解明——幾何学の可能性

超越論的な解明は、形而上学的な解明のように、空間と時間という概念のうちにアプリオリに含まれていたものを開いて理解させるものではなく、その概念によって他の総合的な認識がどのようにして可能となるかを示すための解明である。ここで他の総合的な認識とは、空間については幾何学、時間については物理学が考えられている。幾何学がどのようにして可能となるかという「超越論的な」説明は、空間の形而上学的な解明によって、おのずと開かれるように「解明」されるのである。

まず幾何学については、幾何学のすべての概念はアプリオリなものであることに留意する必要がある。三角形を描いたとき、それがどれほど歪んだ三角形であっても、ぼくたちはそこにイデア的な三角形をみいだす。円はどれほどまがっていても、真円として考えられる。幾何学の図形はすべてある種のイデア的な空間のうちに、イデア的なものとして描かれるのである。

それではこのイデア性はどのようにして可能となるか。それがプラトンの考えたような叡智界、イデア界に存在するものとみなされるからだろうか。そうではない。カントはイデア的な世界が人間の外部に二元的に存在するように考えるのを拒む。ただ人間はそれをイデア的なものとして眺めることができるのである。そのための条件は二つある。

一つは、幾何学の図形の存在する空間が、「根源的な直観」という性格をそなえていなければならないということである。ここで知性と比較した場合の感性の特別な性格が確認される。知性が作りだすのは、概念であり、概念による認識である。この概念による認識からは判断が作りだされる。この判断というものは、つねに推論的《ディスクルシヴ》なものであらざるをえない。この「推論的《ディスクルシヴ》」という語は、「あちこち走り回る」という意味のラテン語の動詞ディスクレレから作られている。カントは神の判断は推論的なものではないと考える。神は一挙に判断し、一挙にすべてを認識する。しかし人間の認識はそのような性格のものではない。あちこち走り回るようにして、時間をかけて推論の鎖を一つずつたどってゆくのでなければ、判断に到達することはできないのである。

これにたいして感性による直観には特殊な性格がある。それは感性が直観によって対象を認識するときに、一つの空間のもとで、一挙に、ありありと対象を眺めることができるということである。この空間はすでに考察されたように、さまざまな事物の配置から抽象的にとりだされたものではない。そもそもこの空間が存在することで、ぼくたちの知覚が可能となっているのだ。だからこの場所と別の場所を最短の距離で結ぶのは、一本の直線でなければならないこと、二本の平行な線と交わる線は、二本の線と同じ角度で交わることなどは、この空間のもつ純粋な性質を直観することによって、必然的な命題としてとりだすことができるのである。これは推論によって「走り回って」判断に到達する概念の方法ではできないことである。「たんなる概念からは、その概念の〈外に〉でるような命題をとりだすことはできない。しかし幾何学ではこれが可能」(046)であるのは、このためである。

第二は、これがアポステリオリに確認されるものではなく、アプリオリな条件でなければならないということである。幾何学の命題が必然的なものとなるのはそのためだ。「この直観はアプリオリに、すなわち対象についてのいかなる知覚よりも前に、わたしたちの「心の」うちに存在していなければならない」(同)のであり、ここからたとえば空間は三次元であることが、必然的なものとして判断できるのである。

時間の超越論的な解明――物理学の可能性

カントはすでに時間の超越論的な解明において、時間が一つの直線のような流れとして考えられるものであること、そしてすべての変化という概念は、この経時的に流れる時間を前提とするものであることを指摘していた。「変化の概念と、運動、すなわち場所の変化の概念は、時間の像を使うことによってのみ、そして時間の像においてのみ可能であるということである」(059)。

これは経験というものを可能にするという意味では、超越論的な条件である。しかしそれだけではなく、場所の変化としての運動についての観察も、運動を支配する法則の考察も、時間というものを前提にしなければならない。すなわち運動学、力学、動力学のすべてが、時間を基礎としているということであり、時間は物理学を成立させるための超越論的な条件となっているのである。カントは時間の超越論的な解明においては、時間が経験を可能にすると同時に、物理学を可能にするという意味で、二つの超越論的な条件をそなえていることを指摘するのである。

ここで留意しておく必要があることは、カントが考える空間も時間も、ある公的な性格をそなえたものだということである。とくに時間については、カントはぼくたちにとって自由となる個人的な時間について、あるいは時間がぼくたちの心においてもつ意味などはまったく考慮しない。時間はぼくたちにはきわめて内的で私秘的な意味をもつものであるが、カントはこうした側面はまったく無視する。カントがここで問題とする空間は、測量が可能な開かれた公的な空間であり、時間は、物理学的な測定が可能な一次元の公的な時間なのである。

そもそも私秘的な空間も私秘的な時間も、すべて世界における一つの空間と時間、公的ですべての人に開かれた空間と時間を前提にしなければ、成立しえないものである。すべての人間に共通の認識の条件を考察しようとするこの書物では、すべての認識が成立するための一つの公的な空間と時間に焦点を合わせる必要があったのである。

結論　ニュートンとライプニッツの空間・時間論批判

カントは空間と時間の解明の最後に、「結論」を配置している。この結論では、カントが対決したニュートンの絶対空間と絶対時間の理論と、ライプニッツの空間と時間を関係とみなす理論の両方を正面から批判するのである。

ニュートン的な空間と時間の理論についての批判から検討してみよう。すでに考察してきたように、ニュートンにとっては空間と時間は「自存する」ものであり、すべてのものを取り去った後にも、空間と時間が絶対的なものとして残るという絶対空間と絶対時間だった。これは神の時間と神の空間である。空間を神の「感覚中枢」と考えるニュートンの時空論の裏側には、神学が貼りついていたことはすでに見たとおりである。

これにたいしてカントの空間と時間は、まったく人間的なものである。カントはニュートンの空間の理論についてはとくにふれず、時間について、「それだけで存在するような〈あるもの〉ではない」(060)と指摘するにとどめる。時間は物質を除いて後にも残っているような絶対的な時間ではないことをカントは明確に指摘する。ニュートンの空間と時間の理論に含まれていた神学的な残滓は、人間の経験が可能になる条件を考察するカントの理論には、どうしてもそぐわないものだったのである。

後の「説明」の部分でカントはこれを再確認するかのように、空間と時間が自存すると考えるならば、「永遠で無限な二つの不可解なもの（空間と時間）が独立して存在すると想定せざるをえなくなるのである。するとこの空間と時間というものは、すべての現実的なものをみずからのうちに包括するために存在し、しかもみずからは現実的なものではないということになってしまう」（067）と批判する。空間も時間も現実的なものではないのに、現実的なものを包括するというのは、「ナンセンス」だというのである。

カントが批判する第二の理論は、空間と時間は絶対的なものとして存在するのではないが、それでも物自体の規定であり、実在的なものだというヴォルフに代表されるライプニッツ学派の理論である。これにたいしてカントは、空間と時間が物自体の規定ではないことを強調する。空間が物自体の規定であれば、「それは対象そのものに付着しているはずであり、直観から主観的な条件をすべて取り去った後にも、事物のもとにまだ残っているはずである」（049）。また時間についても、それが「物の客観的な規定として、物に付着していて、物の直観に含まれるすべての主観的な条件を取りのぞいた後に残るようなものでもない」（060）ことを指摘するのである。

その根拠となるのは、空間と時間のアプリオリ性である。物の規定であれば、物なしには空間も時間も認識できないだろう。しかし物の存在しない空間というものが想像できるように、空間は「その事物が存在する以前に」(049)「アプリオリに」(同)直観することのできるものである。時間もまた、「対象を成立させるための条件」(060)として、対象以前に存在することができるし、「総合命題によってアプリオリに認識したり、直観したりすること」(同)もできるものなのである。

ということは、超越論的な解明において示されたように、幾何学がイデア的なものとして理解できるのは、空間と時間が物自体に付属した特性であって、人間がそれをアポステリオリに認識するようなものではなく、人間が経験する以前からアプリオリに認識できるものであるからだということになる。数学と物理学の真理性は、この空間と時間のアプリオリな認識の可能性にかかっているとカントは考えるのであり、そのためにも空間と時間は物自体の実在的な規定であってはならないのである。

ニュートン的な時空論では、空間も時間も物自体であった。ライプニッツ学派の時空論では、空間も時間も物自体の規定であった。どちらも空間と時間は物自体にかかわるものであり、「絶対的な実在性」がそなわっていることを主張する。これにたいしてカントが主張するのは、空間も時間もたしかに実在するものであるが、それは

「経験的な実在性」(空間については段落051、時間については段落064)だということである。この「実在性」ということは、それが「現実に存在する」ことを意味するのではない。空間と時間が人間の感覚能力に与えられるすべての対象にたいして、「客観的な妥当性」をそなえているということ、すべての人々に「普遍的なもの」として妥当するということを意味するので、注意が必要だ。人々は世界のうちで、一つの共通で客観的な空間を生き、時間を生きている。しかしこれはニュートン的な意味で「絶対的」なものではない。絶対的な実在性があると考えることは、「人間の感覚能力による直観の形式をまったく顧慮することなく、時間を事物の条件または特性として、事物にそのまま結びつけることになる」(064)のである。

カントはこの時間と空間には、客観的な実在性だけでなく、「超越論的な観念性」がそなわっていると主張する。(60) それが「観念的」であるというのは、これは物自体にそなわるものではなく、人間が物自体を現象として認識するために必要な「主観的な条件」にすぎないからである。カントは「空間は、人間の感性の主観的な条件であり、わたしたちはこの条件のもとでのみ、外的なものを直観できる」(050)と指摘する。また時間についても同じことが言える。時間は人間の「直観が成立するための主観的な条件」(060) であって、「主体の外部においては無にひとしい」(063) ものなのである。またそれが「超越論的な」ものであるのは、時間と空間は人間がさまざまな事物を経験した後に生まれたものではなく、経験に先立って存在し、経験を可能にするアプリオリなものだからである。そしてこのアプリオリな性格のために、すべての人間が共通の事物を認識し、共通の法則について同意することができる。数学も自然科学も、この空間と時間のアプリオリ性に依拠していることは、「超越論的な解明」で明らかにされたとおりである。こうしてカントにとって時間と空間は「超越論的な観念性」をそなえたものとなるのである。

このように時間と空間が、実在的であるとともに観念的なものであると主張することは逆説的なことに思える。(61) そのため当時においても、カントのこの理論には激しい批判が集中していた。カントはこの理論に「異口同音の異議」(065) が語られたと回想している。そこで本書においてこうした批判に対処しておこうとする。それが第七節の「説明」の役割である。

第三章　時間と空間の諸理論

第一節　時間と空間についての論争

「感覚界と叡智界の形式と原理」

カントがここで答えようとしている異論は、初版の発行前にカントに寄せられていたものである。カントが最初にこの『純粋理性批判』で展開された空間と時間の理論を明確に展開したのは、「感覚界と叡智界の形式と原理」という一七七〇年のいわゆる就職論文である。この論文でカントはすでに、感覚界を認識するための人間の感覚的な条件として、空間と時間という二つの「形式的原理」を提起していた。まず時間の観念について、「時間の観念は感覚能力から生じるのではなく、感覚能力によって前提される」とアプリオリ性を指摘し、これが純粋な直観であり、「客観的なもの、実在的なものではない」こと、そしてこれが「人間精神の本性によって必然的な、あらゆる感覚的なものを一定の法則によって同位的に関係づける主観的な条件」[62]であると明確に指摘する。また空間についても同じように純粋な直観であり、「客観的なもの、実在的なもの」ではなく、「主観的なもの、観念的なもの」[63]であると断定する。

この論文にたいしてはさまざまな批判が登場した。カントが本書で答えようとしているのは、これらの批判に対してなのである。一七七二年のカントの書簡によると、この批判はシュルツによるものと、ランベルトによるもので代表されたらしい。カントの要約によるとシュルツの主張は、「空間が感覚的な現象の純粋な形式ではなく、真の意味での叡智的直観であり、したがって何らかの客観的なものであるかもしれない」というものだった[64]。この異論にカントは、空間の観念を分析してみれば、空間の中には事物についてのいかなる現実的な像も存在しないために、空間は客観的なものではないと否定する。これは空間の観念性についてのごく素朴な証明である。

時間と内的な感覚

第二の反論は時間に関してであり、ランベルトが提起したものとされている。この反論は内的な感覚能力が示すように変化は現実的なものであり、変化は時間のうちでのみ起こる。だから時間は「物自体の諸規定に付随する何らかの現実的なものである」(65)というものだった。

この第七節の「説明」のところで最初に提示されている「異議」(065)が、まさにこのランベルトの反論なのである。書簡においては、この議論にカントは興味深い反論をする。まずカントはこの議論を、物質について空間の現実性を証明するために使えるはずだということを指摘する。物質は現実的なものであり、空間のうちでしか存在しない。だから空間は客観的だといってもよいはずだ。しかし人間の直観における像の現実性から対象の現実性にさかのぼることはできないことは誰もが知っている。だから誰もこのような推論はしない。それでは時間についてこのような推論がなされるのはなぜか。それは「内的な感覚能力においては、思考すること、思考されたものが現実に存在することは、わたしが現実に存在することと同一である」(66)ためである。「わたしは考える」というのは、〈わたし〉の存在の確実な証明とされたのだが、このことは外部の出来事の変化と時間の客観性を証明するものではない。というのは、わたしの身体と心の内的なプロセスは、「無時間的」に起こるからだ。わたしは生きていて、ある時間のうちに過ごしている。たしかに食事をして、食後はおなかがもたれていたが、今ではもたれはなくなっている。そこで時間が経過したと言えるかもしれない。しかしまた食事をしておなかがもたれたら、経過したはずの時間というものはどうなってしまうのだろうか。寝ているあいだに身体のうちで発生した出来事は、時間をもったと言えるのだろうか。

あるいはわたしがある出来事を思い出しているとしよう。その出来事は少年の頃の出来事であり、長い時間がたっているが、まだまざまざとその出来事を思い出す。その想起というプロセスは、どのような時間の流れのうちに起きているのだろうか。

どちらの例で考えても、〈わたし〉の内部で起きていることを絶対的に記録するような身体の暦も頭脳の暦も存在しないことは明らかである。それがいかに現実的なものであろうと、「わたしはわたし自身の状態を時間という形式のもとで考えるべきでない」[67]としか言えない。〈わたし〉の身体や頭脳の内部で起きている現象が「変化する」と言えるためには、その時間の経過を明確に示す基準が必要であるが、そのようなものはどこにも与えられていないのであり、こうした現象は「変化」と呼ぶべきではないのである。

こう考えてみてほしい。もしもぼくの内部に時間があるのだとしたら、ぼくの中でときを刻む時計とあなたの中でときを刻む時計が、ぴったりと同じときを刻むとしたら、それは奇蹟のようなものだろう。それでいてぼくたちは、時間を約束して待ち合わせることができる。ぼくたちは同じ世界時間のうちで生きるからこそ、他者とともに暮らすことができるのである。ということは、外的な出来事と世界なしでは、時間というものを考えることができないということだ。自己の内的なプロセスを認識するためには、外的な対象の認識という「経路」が必要なのである。(68)

ところがカントは書簡では、時間を内的な感覚能力の直観の形式だと定義する。これはきわめて逆説的なことに思える。観念論は、人間にとって確実であるものは、外的な対象の存在ではなく、思考や感情などの内的なプロセスだと考えていた。しかしカントは、内的なプロセスが現実的であるとしても、それは人間が外的な対象を経験することが可能だからだと考えるのである。

そしてこの外的な対象を認識する直観の形式は空間である。空間のうちに事物は配置されているからである。しかしこの空間の中に存在する事物の変化を認識するためには、空間を眺める主体に、一つの条件が必要となる。カントはその事情を説明するために、「世界の諸事物は、客観的には、あるいはそれ自体としては、異なるさまざまな時間において同一の状態にあるのでもなければ、異なるさまざまな状態にあるのでもない。というのも、それらは、この意味においては時間において思い描かれているのではないからである」⑲と語っているのである。外部の対象の状態の「変化」を示すためには、主体がそれを時間において直観しなければならないのである。

この時間は主観的な条件として、外部の世界ではなく、主体のもとにあるものでなければならない。ここには奇妙な循環が存在している。主体は外部の対象によらなければ自己の内部の変化を知覚できないし、自己を認識することもできない。しかし主体は時間という内的な直観の形式によらなければ、外部の対象を認識することもできない。これはきわめて大きな逆説である。この逆説は『純粋理性批判』でも解決されず、カントは「わたしは存在する」という自己意識が、外的な事物の変化を測定するためのひとつの統合的な機能をはたすと考え、そこに自己統合の意識［＝統覚］という概念をもちだすことによって解消しようとするのである。時間と変化の問題は考えてゆけばゆくほどに深まる謎として、本書で繰り返し提起される。ハイデガーが語るように⑳、本書は時間と存在についての書物だと考えることもできるほどである。

第二節　超越論的な感性論の補足的な結論

物自体は認識できない

カントは第八節「超越論的な感性論についての一般的な注」において、超越論的な感性論について、他の哲学者たちの見解を指摘しながら、いくつかの重要な論点を指摘する。〔一〕（069〜075）では物自体について、〔二〕（076）では時間と空間の関係と自己意識について、〔三〕（077）では仮象と錯覚について、〔四〕（078〜079）では神の直観と人間の直観の違いについてである。どれもこの感性論だけにかぎらず、本書の全体の議論において重要な意味をもつ論点であり、他の場所でもまた繰り返しとりあげられる議論であるので、ここでは感性論にかかわる範囲で、確認しておくことにしたい。

まず〔一〕でカントは、人間が認識する対象は「現象」であって、「それ自体として存在するものではなく、わたしたちのうちに存在することができるだけのもの」（070）であることを強調する。時間と空間についてのこれまでの議論は、時間と空間は物自体ではないし、物自体にそなわる規定でもなく、対象を観察する人間の側の主観的な条件であることを明確に示すことに全力が注がれてきた。そのためには、空間と時間が物自体であるか、物自体の規定であると考えると、どのような矛盾が発生するかを示すという背理法的な証明方法が利用されてきたのだった。

この節ではそのことを、背理法的な証明としてではなく、物自体はそもそも人間にとって認識できないものであることを示しながら、そのことによって、人間の科学がどのようにして人間にとって「正しい」ものとなりうるかを示すことに注意が向けられる。

カントは物自体についての第一の論点として、物自体と、直観によってわたしたちが認識した現象としての対象にどのような違いがあるかを明確に示そうとする。「わたしたちが直観する事物は「現象であって」、わたしたちがそのように直観している事物そのものではない」(同)、「対象そのものがどのようなものであるか、またそれがわたしたちの感性のこれらのすべての受容性と切り離された場合にどのような状態でありうるかについては、わたしたちはまったく知るところがない」(同)のである。だからぼくたちは自分が認識している対象の真の姿については、まったく知りようがないのである。カントはその対象の真の姿を物自体と呼ぶが、物自体を認識することができないというカントのこの主張は、じつに大きな影響をもたらすものだった。

アリストテレスの時代からカントの時代にいたるまで、真理というものは人間の認識と対象が一致することであると考えられていた。人間は物自体を認識できるというのが、それまでの西洋の哲学の根本的な確信だったのである。しかしカントは物自体の認識の可能性を否認してしまう。デカルトを含めたキリスト教の神学では神は善良であり、人間が認識しているものが対象の真の姿ではないという「意地悪」をするはずはないと考えられていたので、この真理の条件は神が満たしていたのである。

しかしカントとともにこの神の善意という根拠づけが失われる。そして物と認識の一致が、物の側から保証されることはなくなったのである。同時代の作家のクライストは、人間には物自体を認識することができないのだから、もはや人間は真理を手にすることができなくなったという絶望感に駆られたという(71)。人間から真理の可能性を奪うこのカントの主張は、ニーチェが後に鋭く指摘するように、哲学のうちに懐疑と相対主義とシニシズムの強い芽を植えつけることになったのである。現代の哲学は、カントのこの遺産の上に築かれている。その意味ではカントは「現代哲学の隠れた、だがいわば真の創始者であり、そればかりか今日にいたるまでその隠れた王でありつづけた」[72]のである。

直観と認識

カントが物自体に関連して示す第二の論点は、人間の直観の条件にかかわるものである。一つには、人間の直観はその本性からして物自体に的中するものではないために、それをいかに改善したところで、物自体を認識することはできないということである。これはライプニッツ批判に直接にかかわる問題である。

ライプニッツは、人間の精神はモナドであり、これは一つの鏡のようなものとして「宇宙の秩序」が全体として映しだされていると考えた[73]。ということは人間は宇宙の秩序を把握することができるのであり、真理を認識する可能性はそなわっているということである。しかし人間の精神の鏡にはいわば混雑した像が映っているところに問題がある。神のモナドのうちには、宇宙の秩序が完璧に判明な形で映しだされているが、「魂のもつ判明な各表象は無数の混雑した表象を含み、それらが宇宙全体を包蔵する」のであり、「魂そのものは判明で際立った表象［＝像］をもつ限りでしか、自分がそれについて表象をもっている当の諸事物を認識していない[74]」のである。

するとと人間が真理を認識できるかどうかは、このモナドに映った像をいかに判明なものにするかということにかかってくる。しかしカントにとってはこれはまったく無意味なことだった。「たとえわたしたちがみずからの直観を最高度に明晰なものにすることができたとしても、対象そのものの特性［の認識］に一歩でも近づくことにはならない」(070)からである。

カントは、ライプニッツは感性と知性の違いを本性的な違いではなく、「論理的な区別」(071)とみなしていることを指摘する。知性は明晰に判断し、感性は混雑した形で判断するだけの違いだと、ライプニッツは考えるからである。すると感性は知性にとってはほんらいは余分な機能だということになる。この問題は後に「超越論的な反省概念」のところでさらに詳しく点検され、批判されることになる。カントにとって感性と知性はまったく別の役割をはたす能力であり、それはたんなる「論理的な区別」などによるものではないのである。

さらにこの考え方は、ロックの一次性質と二次性質の違いという周知の定義にも適用されることになる。ロックは対象がそなえている性質のうちで、「物体がどんな状態であれ、物体からまったく分離できないようなもの」、「どんな力が物体に加えられようと」物体が維持しつづける性質を一次性質と呼んだ。たとえば「固性、広がり、形、可動性」などである。[75] これは物体に本質的にそなわっている性質とされた。

これにたいして、こうした一次性質が「わたしたちの各種の感覚能力を刺激して、わたしたちのうちに物体の色や匂いからくるさまざまな感覚を生みだす[76]」とき、ロックはそれを二次性質として区別したのである。これは物体に本質的にそなわるものではなく、人間において生じる感覚的な性質であり「色、音、味など[77]」である。この二つの性質の違いについてロックは「物体の一次性質の観念は物体の類似物であり、その範型は物体自体に存在するが、それら二次性質によってわたしたちのうちに生みだされる観念は、物体には少しも類似しない[78]」と主張していた。一次性質は物体の広がりや形のようなものであり、観察する人間から独立した客観的なものであり、物体と「類似したもの」である。これにたいして色や匂いなどの二次性質は、観察する主体におうじて、また観察する状況におうじて異なる主観的なものであり、物体のうちには対応するものがないと主張したのである。

この場合には、人間は一次性質によって物自体を認識することができるが、二次性質では物自体の認識にとどかないことになる。しかしカントは、この区別は経験的なものにすぎず、これにこだわると経験的な直観のうちには「物自体に属するものは何もない」(073)ことを忘れてしまうことになる。これは物理的な見方をするか、超越論的な見方をするかの違いである。物理的には、物体の形状や広がりは「客観的な」ものであり、「ほかの形で規定されることはない」(同)ものである。しかし超越論的な哲学の視点からは、こうした物理的に確実なものも、ある空間の中である角度からみられた対象についての像であり、「その超越論的な客体は、わたしたちには相変わらず知られない」(同)ものなのである。

科学の可能性

カントはこのように人間の認識は現象の認識にすぎず、対象を物自体として認識するものではないという否定的な側面を強調する。(79) しかしカントは第三の論点として、これには肯定的な側面もまた存在することを指摘する。それは人間の直観には空間と時間という条件がそなわっていて、この空間と時間はすべての人に共通する公的で大きな空間と時間であるということである。この形式の共通性のために、人間はたがいに認識し、認識を交換しあうことができる。

それだけではない。人間の認識が対象を物自体として認識するものでないことが、人間の認識にある自由度をもたらすのである。それは数学、とくに幾何学の必然性と普遍性がどのようにして成立するかを考えてみればわかる。必然的で普遍的なものは、アプリオリな認識の条件であった。だからカントの定義によれば、幾何学はアプリオリな学なのであり、しかも分析的な学ではなく、アプリオリで総合的な学なのである。

幾何学のそのアプリオリで総合的な学という性質を作りだすのは、直観のうちにアプリオリなものが含まれているからである。それが空間という直観のアプリオリな形式である。ぼくたちは二本の直線で囲む図形というものをどうしても考えることができない。「二本」と「直線」と「囲む」と「図形」というそれぞれの概念には自己矛盾するものが含まれないにもかかわらずである。しかし直観することにおいて、ぼくたちは二本の直線で図形を囲むことはできないことを、それこそ直観的に認識する。

また二点間を結ぶ最短の距離は直線であるという定理にも、同じことが言える。これはユークリッド幾何学を前提とするかぎり、証明する必要のない自明な定理なのだ。幾何学は人間の直観のもつ空間という形式のアプリオリ性に依拠しているのであり、それが対象と一致するかどうかは、ここでは重要な問題ではないのである[80]。カントはこの条件がなければ、「わたしたちは外部の客体について、アプリオリな総合認識を作りだすことは決してできなかっただろう」（075）と指摘している。だから幾何学や自然科学が成立し、それが人間にとって真理として通用するのは、人間がそもそも物自体を認識しないからなのである。

カントは第二版の序文において、タレスが幾何学の祖と呼ばれているのは、図形のさまざまな性質を学びとるのではなく、「概念そのものにしたがってその図形のうちでアプリオリに思考し、描きだした」（V06）ことを思いついたからだと語っていた。幾何学が必然的で普遍的であるのは、人間がそれを「構成する」（075）からであり、それ以外の理由によるものではない。人間が図形を認識するために必要とした「主観的な条件」（同）が、その図形のうちに「必然的にそなわっているものである」（同）などとは主張できない。それはあくまでも人間の側の主観的な条件だからだ。しかしそれでも幾何学はすべての人々にアプリオリに納得できる客観的な学問であり、必然性と普遍性をそなえた真理の学なのである。

カントが空間の超越論的な解明で示したのはまさにこの幾何学の真理性だった。そして時間の超越論的な解明では、自然を対象とする物理学がもつ必然性と普遍性が示唆されたのだった。カントは明確には語っていないが、幾何学との類比によって、物理学の真理性を証明するのはたやすいことだろう。

時間の優位

カントが超越論的な感性論の結論として提示した〔二〕は、まず時間と空間のどちらが優位であるかという問題にかかわるものである。カントは前掲の「感覚界と叡智界の形式と原理」の論文では経験的な世界を認識する原理として、まず時間を提示し、次に空間を提示する。カントは「時間は感覚的な世界の絶対的に第一の形式的原理である(81)」と指摘する。もちろん時間は自己のうちで純粋に感得できるものではない。時間はある運動に基づいて認識されるのであり、時間は「線によって、そして時間の限界(瞬間)を点として思い描く」ことが必要であるから、「空間は時間そのものの範型として利用される(82)」のである。これは時間は空間においてしか認識しえないということである。

しかしカントは、主体は時間において内的な自己を直観するのであり、空間のような原理や、空間の条件に含まれていない思考のようなものを含むことによって、「時間は普遍的なしかも理性的な概念にさらに近づいている」[83]と考えるのである。いわば時間は認識の順序としては空間の認識に遅れて、〈後〉になるのであるが、本性的には空間よりも〈前〉にあるのである。

空間なしに時間を考えることができないとしても、空間を思考し、直観する主体の内部に時間という条件があり、直観を可能にする条件として、空間よりも優位に立つと考えるのである。時間は客観的な認識としては〈後〉にくるが、その本性において、そして〈わたし〉にとっては前であるというのは、〈わたし〉の問題として、自我論として重要なテーマとなる。

この「感覚界と叡知界の形式と原理」の論文とは反対に、本書ではカントはまず空間の解明から始めた。その理由は明示されていないが、直観という行為を考えたときには、その〈事柄〉として外部の事物を〈直観すること〉が先立つことによるのではないかと考えられる。ぼくたちは目を開くと、何かを直観せざるをえない。見ることは人間にとってきわめて自然で自明な行為である。外部のものを見ることから、すべてが始まるのである。

物を見ているときには、ぼくたちはその行為を自覚していない。そして幼いときから試行錯誤を繰り返すことによって、ぼくたちは空間の奥行きの中に配置されたものとして、事物を見るのである。すでに述べたようにこのことを可能にするのは、身体をもち、右と左の方位を身体の右手と左手として、直観的に識別することができるからである。これは行為というよりも、もっと原初的なものだとカントは考えるのであり、空間を左右に配置するまなざしが、さまざまな経験の土台となるのである。

カントが本書で空間を先においたのは、そのためだろう。人間はまず身体をもつ存在として、空間の中に配置されているのだ。しかしやがて人間は自分のまなざしをふりかえるようになる。庭の樹木を眺めていたぼくは、ふと「われにかえる」のであり、庭を眺めていた自分にまなざしを向けるようになる。そして心のうちに流れる外界の事物の像と、その時間的な経過に気づくのである。

時間というものが認識されるのは、この二つの行為の交差するところである。ただぼやっと庭の木を眺めているだけでは、変化というものが認識できない。変化を認識するためには、ある持続するものを背景にするしかない。それは何だろうか。ここでカントの難問が立ち上がる。まずそれは外的なものではありえない。「わたしたちは時間という形式において自己自身と、自己の内的な状態を直観するのである。なぜなら時間は外的な現象のいかなる規定でもありえないからである」(061)とカントは指摘する。それでいてそれは純粋に内的なものでもありえない。すでにカントが早くから指摘しているように、純粋に内的なものは時間をもたないからである。無意識にも意識にも、時間という規定はそぐわないものなのだ。

だからこの困難な問題は、外的なものと内的なものとの〈交差〉によってしか解決できないのである。外的なものを眺めるときに流れる内的な時間が問題なのである。これをカントは「時間は、さまざまな像がわたしたちの内的な状態において、たがいにどのような関係にあるかを規定する」(同)と説明する。

内的な状態だけでは時間を測定することはできない。内的なものはある種の混沌を含んだものであり、そこでうごめいているのは時間という規定をうけないもの、超時間的なものである。やがてフロイトが指摘するように、ぼくたちの欲動も欲望も、快楽と不快も時間をもたないものであり、心のうちで働くものは、ぼくたちのごく幼いときの習慣や願望かもしれないのだ。

しかし外的な状態だけでも時間を構成することはできない。外的なもののうちで時間が流れているかどうかは、人間にはそのものとして判断することのできないものだ。

時間はあくまでも人間の「内的な状態」における像や観念の関係を規定するものであるからだ。

それでもこの二つの状態が〈交差する〉ことによって、一つの時間が可能となる。それは一つの外部の世界、人々が共同で暮らす世界のうちで、人間が生きているからだ。時間が「客観的な妥当性」をもつのは、それが共同の世界の事物に関する時間だからである。そのことをカントは「時間が客観的な妥当性をもつのは現象にたいしてだけである。現象とは、それがすでにわたしたちが自分の感覚能力の対象として想定する事物だからである」(063)と表現している。

あるいは「時間は、(わたしたちの魂の)内的な現象の直接的な条件であり、そのことによって、外的な現象の間接的な条件でもある」(062)というのも同じことだ。これは空間は外的な現象の直接的な条件であり、人間の魂の内的な現象の間接的な条件であると言い換えても同じことである。時間は内的な知覚を作りだし、空間は外的な知覚を作りだすのであるが、そのためには時間と空間、内的な知覚と外的な知覚は、たがいに相手の間接的な条件になる必要があるのだ。

だからカントが空間を先にたてようと時間を先にたてようと、それほど大きな違いはないのである。ベルクソンはカントが本書で時間と空間を等質なものと考えたために、内的な持続である時間が、客観的な空間と同じように扱われたと非難した。客観的な空間は科学の対象となるものであり、時間がそれと同じものであるなら、人間に自由はなくなると考えたのである。(84) たしかにカントは時間には固有な形象がないために、空間のうちに直線を引くことで、類比によって理解する必要があることを認めている。しかしそれは時間を空間と等質なもの、科学の対象となるものとして考えたというものではないし、内的な持続のうちにしか自由はないと考えたというのでもない。誰もが身体的な存在として、一つの公共的な時間と空間のうちに生きるのでなければ、そもそも空間と時間という概念を問題にすることもできないからだし、空間が時間を可能にし、時間が空間を可能にしているからなのだ。

逆に言えば、カントは時間的な変化というものを考えなければ、人間はそもそも空間というものを認識できないとさえ指摘することができただろう。空間を認識するためには、人間は「対象から触発される」(050) 必要があるし、触発されるためには、空間が「心のうちにアプリオリなものとして存在していなければならない」(同) し、心を規定しているのは、やはりアプリオリな形式である時間だからである。なお、

「観念論論駁」(B二七四〜二七九)の部分では、内的な経験に対する外的な経験の優位性が語られる。これは時間にたいする空間の優位性を示すものと考えることもできるだろうが、そこにはもっと別の問題も伏在しているのであり、この問題を考察するときに、もう一度考えてみたい。

自己統合の意識(統覚)の必要性

カントはこの難問をよく自覚していたのであり、この難問は本書のうちでまた繰り返し登場してくる。ここではまだ問題が問題として提起されているだけなのだ。ただここでカントは重要な概念を提示する。それは時間と空間、内的な知覚と外的な知覚の橋渡しをする心的な意識の概念であり、一般に統覚と訳されるが、ここでは〈自己統合の意識〉と訳すことにする。原語のラテン語はアペルツェプティオだがペルツェプティオは外界の対象に向かう意識である。これは直観によって外界の対象を認識する営みであるが、それに方向を指すアプという語がついているので、外界の対象に向かう意識そのものに向かう意識ということになる。主体が外界の事物から触発されて、これを認識するのはごく日常的な営みであるが、ときに主体のまなざしが外界の事物だけでなく、これを意識する営みに向けられることがある。庭の樹木を眺めている自分に意識が向かうわけだ。だからこの意識はたんなる自己意識とは違って、意識する自己への意識であり、その自己に向かうまなざしに特徴がある。この意識は自己に戻ってくる意識であるとともに、自己意識の統一を作りだす、すなわち主体の自己統合を実現する意識でもあるのだ。

カントはこの第二項で、像が持ち込まれる以前に、「あらかじめ心のうちに土台として」（076）空虚な「直観の形式」（同）のようなものが存在していることで、多様なものの直観が可能となると指摘している。「その形式からみて、内的な感覚能力が触発される方法である」（同）と指摘されていることから、これが心のうちの一つの意識として、時間的なものであることは明らかだろう。(85) しかし厄介なのは、ここで内的な感覚能力は身体的なものであるのに、空間的なものではないことである。外部の事物は空間的なものとして、身体を軸として配置することができるだろう。しかし身体の内部は〈闇〉のようなものであり、ぼくたちは自分でこれを直観することができない。他人の身体の内部もまた〈闇〉のようなものであり、死体の解剖の場でもなければ、それを眺めることはできない。そして解剖された死体はもはや、〈闇〉を含んだ他人の身体の内部とはまったく違うものだろう。

たしかにたとえば歯がズキズキと痛むとき、胃がキリキリと痛むとき、自分の身体の内部の構造のようなものを思い描くことができる。しかしぼくたちは奇妙にも、自分の痛い歯の位置を特定することができないことがある。反響したかのように、違う場所が痛んだりするからだ。自分の身体の外部は鏡などを使うことで、それなりに見えるとしても、身体の内部は〈闇〉という性質を失わない。

しかしぼくは他人の身体を含めて、さまざまなものを認識し、それを空間の中に配置することができる。それはぼくに「見えている」のであり、その像が空間の外部に存在すると考えることはできない。ぼくが目を閉ざしたとたんにその像は消失するが、隣にいる人はその像を見つづけることができるし、その像について語ることができるからだ。他者が目を閉じても、ぼくが目を開くならば、他者の代わりに世界を眺めつづけ、語りつづけることができる。世界はぼくたちの〈像〉や直観の営みとは独立して存在しているに違いないのだ。

だとすると、世界の像は世界そのもののうちに内在しているのではなく、世界を眺める人々の心の意識のうちに存在しているに違いない。この対象についての「像には、

［認識する］主観とその対象との関係しか含まないこと、そこに客体そのものに内在する内的なものが含まれないことは確実であると判断できる」（076）のである。だから世界の像は心のうちに存在するのであり、これを認識するためにはある器官のようなものが存在するだろう。この器官のうちにいわば世界の像が「保存」されているに違いないのだ。

これと同じことは内的な直観についても語ることができる。ぼくたちは心のうちをいくら覗きこんでみても、この〈闇〉のうちには何も見いだすことができない。記憶の残滓が残っているとしても、それは外的な直観の素材の残滓にほかならない。「内的な直観のほんらいの素材となるのは、外的な感覚能力によって心のうちに描かれた像なのであり、これがわたしたちの心を占めているのである」（同）。

そしてこの器官が存在することで、すべての直観と直観した像の記憶が可能となっていると考えることができるだろう。カメラのような光学機械を考えてみてほしい。レンズをとおった光は、ある膜の上で焦点を結ぶ。膜がなければ、光線は散乱するだけである。この膜には、知覚の瞬間には何も映っていないのでなければならない。前の瞬間の像が残っていたら、新しい知覚は形成されえないだろう。だからいわば一瞬ごとにこの膜はリセットされて、新しい像をうけいれる純粋な形式だけになっている必要があるわけだ。

同じように、まなざしが外部の対象でなく自己に向かったときにも、このような器官が必要となる。カントはこの器官を〈自己統合の意識〉と名づけるのである。この意識がきわめて逆説的なものであるのは、内的な意識と外的な意識の錯綜したありかたからも予測できることだろう(86)。内的な意識が認識するためには外的な事物を必要とし、外的な事物を認識するには内的な意識が必要だったのと同じように、この重要な器官である〈自己統合の意識〉も、それだけで自己を意識することはできない。内的な意識に向かう意識は、自己を対象として、そのままで認識することはできない宿命にあるからだ。カントは自己を意識する「この能力は心を触発しなければならない」(同)と指摘する。その際に重要なことは、主観は自己を直観するからといって、外部の事物を直観する場合よりも、優位な状態にあるとは言えないということだ。主観は自己をその真の姿において直観するのでもなく、「みずからの像を自発的に直接に思い描くのではなく、みずからがその内部から触発される方法にしたがうのである。だからみずからを、その〈あるがままに〉ではなく、〈みずからに現れるがままに〉

直観する」(076)のである[87](外的触発と異なるこの内的触発の概念は、錯綜した、それでいて豊饒な問題系につながることになる)。

ここでカントはちらりと神の概念を提示する。人間の直観はつねにこのような〈内〉と〈外〉の逆説的な関係につきまとわれる。もしも自己統合の意識が、触発されるのではなく、自発的な活動として主体におけるすべての多様なものを認識することができるのであれば、それは〈内〉を認識するために〈外〉を必要としない存在者だということになる。その場合にはこの存在者は〈外〉を認識するために〈内なる〉意識も、その形式としての時間も必要とすることはないだろう。そのような対象に触発される必要のない根源的な存在者は神であり、カントはこのような自己認識の方法を「知的な直観」と呼ぶ。この直観の方法はこれからも詳しく展開され、人間の直観との違いが強調されることになるだろう。人間は外的な対象によって触発されることでしか直観することはないのであり、人間に可能なのは感性による直観だけなのである。

錯覚と仮象──空間と時間の超越論的な観念性

次の〔三〕で問題とされるのは、このような限界のある感性による認識に固有の問題としての〈錯覚〉である。伝統的に人間の認識に錯誤があることはよく知られていた。カントはこの問題を仮象と現象の対立と、物自体と現象の対立として捉えなおす。

問題なのは、認識の性格である。ロックが物体の一次性質と二次性質を区別してきたことは、すでに確認してきた。これを物自体と現象の区別にあてはめてみると、一次性質は、形状や堅さや不可侵入性など、物それ自体にそなわっている性質とみなすことができる。これにたいして二次性質は色や暖かさなどであり、認識する個人ごとの違いによって異なって認識されるものだった。白い物も陽射しによって青く見えるし、眼鏡を掛ければ違う色にみえる。風邪を引いて熱が出ている人には寒く感じられる室温も、普通の人には暖かく感じられるかもしれない。これはいわば現象としての性質なのである。

しかしこの常識的な考え方は、一次性質においては物自体を認識できることを想定したものであり、カントがこの考え方を批判してきたことはすでに述べてきた。カントにとっては人間が認識できるのは物自体ではなく、現象にすぎないのである。しか角くみえるのであり、人によってみえ方が違うわけではないのである。この〈みえ方〉には誰にでも四角くみえるのであり、人によってみえ方が違うわけではないのである。この〈みえ方〉にはある客観性があるのであり、それでなければ人々の意見が一致することも、自然科学が成立することもないだろう。人々にみえる〈現象〉は、仮象ではないのである。人々にみえる事物は、すべての人々に共通の開かれた空間と時間という形式のうちで認識されるものであるからこそ、客観的なものとして確立されるのである。

カントがユニークなのは、この客観的な空間と時間のうちで、現象に客観的な妥当性を確保すると同時に、現象と物自体が明確に違うものであることが、この客観的な妥当性を保証していることを主張するところにある。もしもすべての人間が神のごとくに物自体を認識することができるのであれば、問題はないのかもしれないが、人間の感覚能力の直観は、経験的なものであって、叡智的なものではないことは、揺るがない原則なのである。人間の認識は神のような認識ではない。この認識能力の限界にもかかわらず、「わたしたちが心に像を思い描く形式に［すなわち空間と時間に］、客観的な現実性がそなわっていると考えた場合」（077）は、人間の認識が物自体に的中していると主張することになる。その場合には「すべてのものが仮象に変わってしまう」（同）ことになるとカントは考える。これはきわめて興味深い逆説である。

カントがここで考えているのは、現象と仮象の違いであるが、現象が仮象と異なるのは、それが成立する空間と時間に「客観的な妥当性」があることだ。空間と時間は主観的な直観の形式にすぎないが、それでいてすべての人間に共通した直観の「構造」として、客観的な妥当性をそなえているのである。[88]

しかしこの空間と時間を、もしも「客観的な現実性」のあるものとして考えるならば、それは空間と時間が物自体であるか、物自体に付属する性質のようなものであると考えることになる。もしもニュートンが考えたように、空間と時間は絶対的なものとして、事物が消滅した後にも存続しつづけるのだとすると、空間と時間は絶対的なものであり、事物はこの絶対的なもののうちに存在する相対的なものとなってしまう。

ニュートンのように考える空間と時間はきわめて奇妙なものになる。「これは実体ではないし、実体に現実に内在するものでもないが、それでも存在しているものである。そしてこれらはすべての事物が存在するために必要な条件であり、そしてすべての存在する事物を取り去った後にも、存在しつづけることになってしまう」（同）のである。その場合には、絶対的なものは空間と時間であり、事物の存在はたんに「観念的な」ものにすぎず、わたしが目をつぶった瞬間にもはやその存在が確証できないものとなるというバークリの「絶対的な観念論」に与《くみ》することになってしまうだろう。それは現象としてぼくたちに見えている事物を、「たんなる仮象に貶《おとし》めた」(077) バークリと同じことになってしまうのである。

これにたいして錯覚は仮象とは異なる地位をそなえている。仮象は物体が存在しないのに存在するかのように考えたり、物体を物自体としては認識できないのに、物自体として認識したと考えたりすることで生まれるのである。ぼくたちにはさまざまなものが現象として知覚されている。その知覚にたいして、間違った判断を行使することで誤謬が生まれるのである。

すでにデカルトは、実際には四角い塔を遠くからみると、丸い塔に見えるという錯覚について語っていた。ここで四角い塔を丸いと判断したときには、誤謬が発生している。それは感性の誤謬ではなく、知性の誤謬である。ぼくたちの目には遠いところにある四角い塔は丸く見えるのである。感覚能力は「間違えることはない[89]」のである。ただ感覚能力を信じて、それがほんとうに「丸い」と錯覚して判断したときに、誤謬が生まれる。「感覚能力は判断しない[90]」のであり、誤謬は判断によって発生するのである。

しかしカントは、このような錯覚による誤った判断とは別の錯覚が存在することを「超越論的な論理学」の「超越論的な弁証論」の冒頭で指摘している。四角いガラスの器に水を満たして、そこに真っ直ぐな棒をさしこんでみよう。するとその棒は必ず曲がってみえる。これは不可避的な「錯視」である。水から棒を取り出してみると、棒は真っ直ぐであり、曲がっていないことがわかる。だから「棒は曲がってみえる」という命題は真実であるが、「棒は曲がっている」という命題は誤謬である。この錯覚は人間にとっては不可避なものであるために、カントはこれをいずれ「超越論的な錯覚」と呼ぶことになるだろう。

この不可避の錯覚は、人間が地上で生存するために必要な機能として与えられたのだろうとしか説明しようがない。そこには、事物を認識するための人間に固有の主観的な条件が働いているのであり、この条件を無視して、「対象と主観との関係を規定されたものとして検討せず、わたしの判断を、この対象と主観との関係だけに制限しない場合に、初めて仮象が発生するのである」(077n)。錯覚は仮象ではないが、それが客観的な現実性をそなえたものだと判断するときに、それは仮象となるのである。この「超越論的な仮象」の問題は、弁証論のところで再論されることになるだろう(91)。人間の理性には、水中の棒がどうしても曲がってみえるように、正しくないかもしれないと思いながら、どうしても離れることのできない「超越論的な誤謬」とでもいうものがそなわっているのであり、これが本書の重要なテーマの一つとなるからである。

人間の有限性

最後の〔四〕では、自然神学の問題、とくに神の現存在が問題とされる。この問題も後に「純粋理性の理想」のところで、神の存在証明という観点から詳しく展開されるのであり、ここでは空間と時間という観点から、そのポイントだけが提示されることになる。カントは、自然神学は空間と時間を物自体の存在の条件とするが、もしも「空間と時間がすべての存在一般の条件であるならば、それは神の存在の条件でもなければならない」(078)ことを指摘する。だとすると、人間が物自体を直観することができるのであれば、神もまた感覚能力で直観することができるはずだ。しかしそのようなことは不可能なことであり、これは前提条件そのものが間違っているということになる。

カントはすでに引用した一七七二年の書簡において、叡智界と感覚界の二つの世界を区別するとともに、知的な（根源的な）直観と感覚的な（派生的な）直観を区別していた。「感覚的な［直観によって生まれた］像は、事物が〈どのように現れるか〉を描く像であり、知的な［直観によって生まれた］像は、事物を〈あるがままに〉描く像である」(92)。この知的な直観を行うことができるのは「根源的存在者」(93)だけ、すなわち神だけである。神にとっては事物を「看る」ということが、事物を「創造する」ということと同じ意味をもつものである。「根源的な直観とは、直観することによって、直観の客体そのものが存在するようになる直観」(078)なのである。

これにたいして人間や天使のような存在者による直観は、感覚能力による直観であり、「客体の存在に依存するもの」(同)であり、客体から心が触発されて、物の像を思い浮かべる能力が働き始めたときだけに作動するものである。これをカントは派生的な直観と呼ぶのであり、空間と時間はその形式的な条件である。人間はこの条件のもとでしか、経験的に直観することはできないのである。

これは人間の有限性の刻印なのである。しかしこの有限性が反対に、人間の空間と時間という感性の形式の「超越論的な観念性」を作りだしていることも忘れてはならない。この観念性（イデアリテート）という語には、プラトン以来の「イデア」という語が鳴り響いている。人間の感性には、イデア的な要素が存在していて、それが人々の知覚した事物に「客観的な実在性」を与えているのである。「経験的な客観の存在はすべての認識の根源的形式による条件づけに根ざし(94)」ていることで、事物や事実についての「尺度」となり、「空間と時間はこうした事物よりも客観的(95)」なものとなるからである。ここに「アプリオリな総合認識はどのようにして可能になるか」(080)という「超越論的な哲学の普遍的な課題」（同）が解決されるための条件が与えられるのである。

注

（なお翻訳の引用は改訳していることが多い）

（1）カント『プロレゴメナ』第五節。原文はアカデミー版全集四巻、二七六ページ。邦訳は『カント全集』六巻（湯本和男訳、理想社）二二八ページ。

（2）同。

（3）ロック『人間知性論』二巻一章。邦訳は『人間知性論』（大槻春彦訳、岩波文庫、第一分冊）一三四ページ。

（4）このアプリオリな認識の分類は、ノーマン・ケンプ・スミス『純粋理性批判の注解』（Norman Kemp Smith, *A commentary to Kant's 'Critique of pure reason'*, 2nd ed., rev. and enlarged, Humanities Press, 1962）五五ページに示されているもので、カントがこのような分類を示したわけではない。

（5）デカルト『哲学原理』第一部三一項。邦訳は『デカルト著作集』三巻、三輪正、本多英太郎訳、白水社、六〇ページ。

（6）カント『プロレゴメナ』序。原文は前掲のアカデミー版全集四巻、二六〇ページ。邦訳は前掲書六巻、二〇四ページ。

(7)岩崎武雄『カント「純粋理性批判」の研究』勁草書房、四一ページ。

(8)フレーゲ『算術の基礎』参照。邦訳は『フレーゲ著作集』二巻(野本和幸、土屋俊編、勁草書房)。

(9)ニュートン『プリンキピア』河辺六男責任編集『ニュートン』、世界の名著31、七二〜七三ページ、中央公論新社、なお、ニュートンの法則とカントの法則の違いについては、松山壽一『ニュートンとカント』(晃洋書房)が詳しい。

(10)ヒューム『人性論』第一篇第三部第三節「どうして原因は必然的なのか」。邦訳は『人性論』(大槻春彦訳、岩波文庫、第一巻)一三九ページ。

(11)同。邦訳は同、一三五ページ。

(12)同、六節「印象から観念への推論について」。邦訳は同、一五〇ページ。

(13)ロック『人間知性論』二巻一章。邦訳は前掲書一三七ページ。

(14)同。邦訳は同、一五七ページ。

(15)同、二巻一一章。邦訳は同、二三三ページ。

(16)カント「感覚界と叡智界の形式と原理」一一節。原文はアカデミー版全集二巻、三九七ページ。邦訳は『カント全集』三巻(川戸好武訳、理想社)二三二ページ。

この論文は批判前期に属するものであるが、すでに感性についてのカントの基本的な考え方を明確に示しているので援用する。

(17) フランスのイデオローグと呼ばれたエチエンヌ・ボノー・ド・コンディヤック(一七一五〜八〇)が、石像にさまざまな能力を与えて、総合によって人間の能力を作りだしていった思考実験については、『感覚論』(Condillac, Etienne Bonnot de, *Traité des sensations*) 第一部第一章以下を参照してほしい。コンディヤックは石像に嗅覚だけを与えておいて、その石像にバラの花を示したら、どうなるかを考えた。そして石像に順に一つずつさまざまな能力を与えてゆくのである。

(18) ロック『人間知性論』二巻四章。邦訳は前掲書一六七ページ。

(19) 同、二巻五章。邦訳は同、一七三ページ。

(20) カント「感覚界と叡智界の形式と原理」一二節。原文はアカデミー版全集二巻、三九七ページ。邦訳は前掲書二三三ページ。

(21) カントがある種の思考実験によって、空間と時間を「純粋な直観」と考えたことによって生まれる問題点については、宮地正卓『カント空間論の現代的考察』(北樹出版) 九二ページ以降を参照されたい。

(22)カント「感覚界と叡智界の形式と原理」二五節。原文はアカデミー版全集二巻、四一三ページ。邦訳は前掲書二五九ページ。

(23)カント『プロレゴメナ』一三節注三。原文はアカデミー版全集四巻、二九二ページ。邦訳は前掲書二五二ページ。

(24)同。原文はアカデミー版全集四巻、二九三ページ。邦訳は同、二五三ページ。

(25)デカルト『哲学原理』第二部一節。邦訳は前掲書八一ページ。

(26)同、第二部四節。邦訳は前掲書八三ページ。

(27)同、第二部一〇節。邦訳は同、八六ページ。

(28)同、第二部一八節。邦訳は同、九一ページ。

(29)同、第二部二四節。邦訳は同、九四ページ。

(30)ニュートン『プリンキピア』定義八の注解。邦訳は前掲書六六ページ。

(31)同。邦訳は同、六五ページ。

(32)同。

(33)ニュートン「重力について」(De gravitate)。A・R・ホール、M・B・ホール編『アイザック・ニュートンの未刊行の科学文書』(Hall, A. R. and Hall, M. B. eds,

Unpublished scientific papers of Isaac Newton, Cambridge University Press）一四二〜一四三ページ。

（34）ニュートン『光学』第三篇、疑問三一。邦訳は渡辺正雄責任編集、『科学の名著6 ニュートン』（田中一郎訳、朝日出版社）二五〇ページ。

（35）同、疑問二八。邦訳は同、二三〇ページ。

（36）同。

（37）ライプニッツのクラーク宛ての第一の手紙。邦訳は『ライプニッツ著作集 9』米山優、佐々木能章訳、工作舎、二六四ページ。なお、このライプニッツとクラークの論争については、内井惣七『空間の謎・時間の謎』（中公新書）の第二章に詳しい紹介がある。

（38）クラークのライプニッツ宛ての第一の返書。原文は『ライプニッツ・クラーク往復書簡』（*Leibniz-Clarke Correspondence*, H.G. Alexander editor, Manchester University Press）一三ページ。邦訳は前掲書二六八ページ。

（39）ニュートン『プリンキピア』「一般的注解」。邦訳は前掲書五六四ページ。

（40）ライプニッツのクラーク宛ての第四の手紙。邦訳は前掲書三〇二ページ。

（41）同。
（42）ライプニッツのクラーク宛ての第五の手紙。邦訳は前掲書三五二ページ。
（43）同。
（44）同。
（45）ライプニッツ『人間知性新論』（G.W. Leibniz, *Nouveaux essais sur l'entendement humain, Die philosophischen Schriften*, vo.5, OLMS）第二部第五章、一一六ページ。邦訳は『人間知性新論』米山優訳、みすず書房、九五ページ。
（46）ファイヒンガー『コンメンタール』第二巻（H.Vaihinger, *Kommentar zu Kant's Kritique der reinen Vernunft*, vol.2, Union Deutsch Verlagsgesellschaft）四三六ページ。なおカントの空間と時間の理論については、とくにエルンスト・カッシーラーの『認識問題』（邦訳は『認識問題　2－2』須田朗、宮武昭、村岡晋一訳、みすず書房）と、藪木栄夫『カントの方法』（法政大学出版局）を参照されたい。
（47）カントの一七七〇年九月二日付けのランベルト宛て書簡。アカデミー版全集一〇巻、九八ページ。邦訳は『カント全集　21』（北尾宏之、竹山重光、望月俊孝訳、岩波書店）五五～五六ページ。

(48) カント「空間における方位」、アカデミー版全集二巻、三八二ページ。邦訳は『カント全集』三巻、理想社、二〇八ページ。
(49) 同、三八三ページ。邦訳は同、二〇九ページ。
(50) 同。邦訳は同、二一〇ページ。
(51) 同。
(52) 同。
(53) カント『プロレゴメナ』第一三節。アカデミー版全集四巻、二八六ページ。邦訳は前掲書、六巻、二四三ページ。
(54) 同。アカデミー版全集四巻、二八五ページ。邦訳は同、二四二ページ。
(55) これは「不可識別者同一の原理」と呼ばれ、ライプニッツの空間論と個体論の核心となるものである。ライプニッツはクラークとの論争で「もし完全に不可識別な二つの事物が現実存在したら、それらは二つであることを私は認めます。けれどもその仮定が誤りなのであり、理由の大原理に反するのです」と語っている(ライプニッツの第五の書簡。邦訳は前掲書三四三ページ)。
(56) アウグスティヌス『告白』一一巻一四章。邦訳は『告白』(服部英次郎訳、岩波文庫、下巻）一一四ページ。

(57) カント「空間における方位」、アカデミー版全集二巻、三七九ページ。邦訳は前掲書、三巻、二〇六ページ。

(58) カントの空間論と身体論の深い関係については、中島義道『空間と身体―続カント解釈の冒険』（晃洋書房）が面白い。

(59) ハーバード・ジェームズ・ペイトン『カントの経験の形而上学』第一巻（H.J. Paton, *Kant's metaphysic of experience : a commentary on the first half of the 'Kritik der reinen Vernunft'* v. 1, v. 2. G. Allen & Unwin, 1936）、一一五ページ。

(60) カントの空間の超越論的な観念性と経験的な実在性との関連については、薮木栄夫『カントの方法』前掲書の一九五ページ以下を参照されたい。

(61) カントにおける実在性の概念については、檜垣良成『カント理論哲学形成の研究』（溪水社）が詳しい。ここでの空間と時間の実在性と観念性の区別については、付論第三章「〈超越論的感性論〉の再構成」、とくに三四三ページ以下を参照されたい。

(62) カント「感覚界と叡智界の形式と原理」一四節。原文はアカデミー版全集二巻、四〇〇ページ。邦訳は前掲書、三巻、二三八ページ。
(63) 同、一五節。原文はアカデミー版全集二巻、四〇三ページ。邦訳は同、二四三ページ。
(64) カントの一七七二年二月二一日付けのヘルツ宛て書簡。アカデミー版全集一〇巻、一三三ページ。邦訳は前掲の『カント全集 21』七一〜七二ページ。
(65) 同、一三四ページ。邦訳は同、七二ページ。
(66) 同。
(67) 同。
(68) これについては中島義道『カントの時間論』(岩波現代文庫)七ページも参照されたい。
(69) カントの一七七二年二月二一日付けのヘルツ宛て書簡。アカデミー版全集一〇巻、一三四ページ。邦訳は前掲書七三ページ。
(70) ハイデガー『物への問い カントの超越論的原則論に向けて』(高山守、クラウス・オピリーク訳、創文社)を参照されたい。
(71) この絶望感は「世間なみに超感覚的な存在への信仰にたよることもできないし、

理想主義者のように自己に内在する価値を信ずることもできず、またロマン主義者のように世界に寄せる夢のなかに身をおくこともできないクライストにとっては、ほかにどうしようもない反応であった」。手塚富雄、神品芳夫『増補　ドイツ文学案内』岩波文庫、一五三ページ参照。

(72) ハンナ・アーレント「実存哲学とは何か」(斎藤純一訳)。『アーレント政治思想集成1』みすず書房、二二八ページ。

(73) ライプニッツ「理性に基づく自然と恩寵の原理」一二項。邦訳は前掲の『ライプニッツ著作集　9』二五三ページ。

(74) 同、一三項。邦訳は同、二五三ページ。

(75) ロック『人間知性論』二巻八章。邦訳は前掲書一巻、一八六～一八七ページ。

(76) 同、邦訳は同、一九〇ページ。

(77) 同。

(78) 同、邦訳は同、一九一ページ。

(79) こうしたことからも物自体という概念をたんに「統制的な」ものとして考えようとする見解が生まれてくる。しかし自由も自我の概念も、物自体という概念なしでは生まれないものであり、これはカテゴリーの適用されうるものであったことについては、エーリッヒ・アディッケス『カントと物自体』(赤松常弘訳、法政大学出版局)の第四章「物自体とカテゴリー」を参照されたい。
(80) カントが、アプリオリなものは個人としての人間が「生得的に」獲得するものではなく、ある種の理念的なものとして獲得したものと考えながら、それを「根源的な獲得」という自然法の概念に依拠していたとみられることについては、山根雄一郎『〈根源的獲得〉の哲学』(東京大学出版会)が興味深い。
(81) カント「感覚界と叡智界の形式と原理」一四節。原文はアカデミー版全集二巻、四〇二ページ。邦訳は前掲書、三巻、二四一ページ。
(82) 同一五節。原文はアカデミー版全集二巻、四〇五ページ。邦訳は同、二四六ページ。
(83) 同。
(84) ベルクソン『時間と自由』。ベルクソンは人間は多くの場合、内的な自己を忘却していて、「われわれは自分自身に対して外的に生きており、自分の自我については、その色あせた亡霊、等質の空間に純粋持続が投ずる影しか見ていない」と語る

（平井啓之訳、『ベルグソン全集』一巻、白水社、二一一ページ）。これはハイデガー的な実存のテーマであって、感性論のほんらいのテーマではないのである。

(85) ここは二版で追加されたところである。カントは内的な感覚能力の自発性を重視していたために初版では「内的な感覚能力が触発される」という表現を避けていたとみられることについては、村山保史『カントにおける認識主観の研究』（晃洋書房）の四七ページ以下を参照されたい。

(86) 内的な直観と外的な直観が独立したものではなく、「物を直接的に表象する直観の二つの契機と考えねばならぬ」ことについては、岩隈敏『カント二元論哲学の再検討』（九州大学出版会）の一四ページを参照されたい。

(87) この触発の思想がカントの「コペルニクス的な転回」において重要な役割をはたしたと考えるのが、岩田淳二『カントの外的触発論』（晃洋書房）である。とくに一〇四ページ以下を参照されたい。

(88) 現象と仮象の違いについては、とくにG・プラウス『認識論の根本問題』（観山雪陽、訓覇曄雄訳、晃洋書房）の第一編第二章第五節「現象と見かけ」を参照されたい。初版では現象の問題が解決されていないと主張するこの書物は参考になる。

(89) カントは本書の超越論的論理学の冒頭のところで現象と仮象について掘り下げて考察する。引用はB三五〇ページから。
(90) 同。
(91) B三四九〜三五五ページ。
(92) カントの一七七二年二月二一日のヘルツ宛て書簡。アカデミー版全集一〇巻、一三一ページ。邦訳は前掲の『カント全集　21』六八ページ。
(93) 同。邦訳は同、六九ページ。
(94) カッシーラー『認識問題』。邦訳は前掲書二九〇ページ。
(95) 同、二九一ページ。

訳者あとがき

カントの『純粋理性批判』は難解な書物とされている。たしかにカントのこの高峰に登攀するためには、足ごしらえが必要だろう。この訳書では、読者が足ごしらえしやすいように、いくつかの工夫をしている。

まず「困難は分割せよ」の諺どおりに、大きなブロックごとに七冊にわけることにした。最初の巻は導入の意味もあって、「超越論的な感性論」だけにする。イギリス経験論からライプニッツ／ヴォルフ派までをうけついだカントの哲学の歴史的な位置づけも、ここで確認しておきたい。

その後は、第二分冊が「超越論的な分析論」のうちカテゴリーについて考察した第一篇「概念の分析論」である。また第三分冊は図式と原則の体系を取り上げた第二篇の「原則の分析論」である。第四分冊から第六分冊までは「超越論的な弁証論」とする。そのうち第四分冊が第二篇の第一章「純粋理性の誤謬推論」まで、第五分冊が第二章の「純粋理性の二律背反」、第六分冊が第三章の「純粋理性の理想」という構成になる予定である。最後の第七分冊は「超越論的な方法論」である。それぞれ大きなテーマ一つで一冊にした。最初のうちはかなり詳しい解説もつけておきたい。

第二に、カントの原文からすぐには読み取りにくい文脈を、訳者の補足として［　］でくくって示した。かなり長く補足したところもある。ただし地の文に訳者の解釈を流し込むようなことはしなかった。括弧の部分を飛ばしていただければ、カントが語っていることだけが再現できるはずである。

第三に、カントの用語として通例となっている多くの訳語を採用せず、ごく一般的な用語に代えた。この巻で言えば、悟性は「知性」と訳し、表象は「心で思い描いた像」や「観念」と訳し、統覚は「自己統合の意識」と訳した。ただし他の訳書やカントの研究書などを読むときに理解を妨げないように、最初のうちは知性［＝悟性］、像［＝表象］、自己統合の意識［＝統覚］のように、伝統的な訳語をつけた。

これは訳注にも書いたことだが、たとえば表象という語はさまざまな意味をもっていて、カントが考えていたことにそぐわない意味あいもおびているのである。またきまった訳語というものは安心なのだが、それを自動的に採用していると、思考がすべりがちになる。その語にその文脈でもっともふさわしい訳語は何かと、毎回足をとめて考えるべきなのである。

第四に、すべての段落に番号とタイトルをつけた。解説もこの番号で行う。ページ番号による指示は紙の上の配置という偶然的な要素に依存しすぎであり、カントが一つの思考のブロックとして示した段落を指示するほうが、カントの思考に忠実だと考えたのである。

読者はできればこの段落の番号とタイトルだけを書き取ってタイトル・リストを作ってほしい。たとえば次のようなリストができるだろう。

001 経験なしでは何も始まらない
002 認識は合成されたものである
003 アプリオリとアポステリオリ
004 いわゆるアプリオリな認識
005 アプリオリな認識と純粋な認識
006 アプリオリな認識の二つの基準――必然性と普遍性

007　アプリオリな純粋判断の実例
008　経験を超越する認識
009　純粋理性の課題
010　理性の誤謬

そして本書を通読した後で、このリストを眺めながら、そこで何が書かれていたか、思い出してほしいのだ。ぼくも昔、自分の理解をたしかめるために、よくやったことなのだが、走馬灯のように、このリストの背後をカントの思考の「馬」たちが走るのが見えるようになれば、この巻はしっかりと理解できたことになる。あるいは友人と交替で相手にその段落の内容を説明するゲームをやってみてもおもしろいだろう。

今回もいつものように、光文社文芸局の駒井稔局長と編集者の今野哲夫さんの励ましをきっかけとし、翻訳編集部の中町俊伸さんのこまやかなご配慮と、編集者の中村鐵太郎さんの細かな原文チェックを支えとして誕生したものである。いつもながらのご支援に、心から感謝の言葉を申しあげたい。

中山元

光文社 古典新訳 文庫
kobunsha classics

純《じゅん》粋《すい》理《り》性《せい》批《ひ》判《はん》1

著者　カント
訳者　中山《なかやま》元《げん》

2010年1月20日　初版第1刷発行
2025年9月20日　第10刷発行

発行者　三宅貴久
印刷　新藤慶昌堂
製本　ナショナル製本

発行所　株式会社光文社
〒112-8011東京都文京区音羽1-16-6
電話　03（5395）8162（編集部）
03（5395）8116（書籍販売部）
03（5395）8125（制作部）
www.kobunsha.com

KOBUNSHA

ISBN978-4-334-75198-2 Printed in Japan

いま、息をしている言葉で、もういちど古典を

長い年月をかけて世界中で読み継がれてきたのが古典です。奥の深い味わいある作品ばかりがそろっており、この「古典の森」に分け入ることは人生のもっとも大きな喜びであることに異論のある人はいないはずです。しかしながら、こんなに豊饒で魅力に満ちた古典を、なぜわたしたちはこれほどまで疎んじてきたのでしょうか。

ひとつには古臭い教養主義からの逃走だったのかもしれません。真面目に文学や思想を論じることは、ある種の権威化であるという思いから、その呪縛から逃れるために、教養そのものを否定しすぎてしまったのではないでしょうか。

いま、時代は大きな転換期を迎えています。まれに見るスピードで歴史が動いていくのを多くの人々が実感していると思います。

こんな時わたしたちを支え、導いてくれるものが古典なのです。「いま、息をしている言葉で」——光文社の古典新訳文庫は、さまよえる現代人の心の奥底まで届くような言葉で、古典を現代に蘇らせることを意図して創刊されました。気取らず、自由に、心の赴くままに、気軽に手に取って楽しめる古典作品を、新訳という光のもとに読者に届けていくこと。それがこの文庫の使命だとわたしたちは考えています。

このシリーズについてのご意見、ご感想、ご要望をハガキ、手紙、メール等で翻訳編集部までお寄せください。今後の企画の参考にさせていただきます。
メール　info@kotensinyaku.jp

光文社古典新訳文庫　好評既刊

純粋理性批判（全7巻）
カント／中山《なかやま》元《げん》◉訳
西洋哲学における最高かつ最重要の哲学書。難解とされる多くの用語をごく一般的な用語に置き換え、分かりやすさを徹底した画期的新訳。初心者にも理解できる詳細な解説つき。

実践理性批判（全2巻）
カント／中山《なかやま》元《げん》◉訳
人間の心にある欲求能力を批判し、理性の実践的使用のアプリオリな原理を考察したカントの第二批判。人間の意志の自由と倫理から道徳原理を確立させた近代道徳哲学の原典。

判断力批判（上・下）
カント／中山《なかやま》元《げん》◉訳
美と崇高さを判断し、世界を目的論的に理解する力。自然の認識と道徳哲学の二つの領域をつなぐ判断力を分析した、カント批判哲学の集大成。「三批判書」個人全訳、完結！

道徳形而上学の基礎づけ
カント／中山《なかやま》元《げん》◉訳
なぜ嘘をついてはいけないのか？　なぜ自殺をしてはいけないのか？　多くの実例をあげて道徳の原理を考察する本書は、きわめて現代的であり、いまこそ読まれるべき書である。

永遠平和のために／啓蒙とは何か　他3編
カント／中山《なかやま》元《げん》◉訳
「啓蒙とは何か」で説くのは、自分の頭で考えることの困難と重要性。「永遠平和のために」では、常備軍の廃止と国家の連合を説く。現実的な問題意識に貫かれた論文集。

ツァラトゥストラ（上・下）
ニーチェ／丘沢《おかざわ》静也《しずや》◉訳
「人類への最大の贈り物」「ドイツ語で書かれた最も深い作品」とニーチェが自負する永遠の問題作。これまでのイメージをまったく覆す、軽やかでカジュアルな衝撃の新訳。

光文社古典新訳文庫　好評既刊

社会契約論／ジュネーヴ草稿

ルソー／中山《なかやま》元《げん》◉訳

「ぼくたちは、選挙のあいだだけ自由になり、そのあとは奴隷のような国民なのだろうか」。世界史を動かした歴史的著作の画期的新訳。本邦初訳の「ジュネーヴ草稿」を収録。

政治的なものの概念

カール・シュミット／中山《なかやま》元《げん》◉訳

政治の本質を明らかにする究極の判断基準は「友と敵の区別である」と理論づけたシュミットの主著であり、政治思想の重要古典。ナチス入党前後に改訂、刊行された別版も収録。

経済学・哲学草稿

マルクス／長谷川《はせがわ》宏《ひろし》◉訳

経済学と哲学の交叉点に身を置き、社会の現実に鋭くせまろうとした青年マルクス。のちの『資本論』に結実する新しい思想を打ち立て、思想家マルクスの誕生となった記念碑的著作。

ユダヤ人問題に寄せて／ヘーゲル法哲学批判序説

マルクス／中山《なかやま》元《げん》◉訳

宗教批判からヘーゲルの法哲学批判へと向かい、真の人間解放を考え抜いた青年マルクス。その思想的跳躍の核心を充実の解説とともに読み解く。画期的な「マルクス読解本」の誕生。

賃労働と資本／賃金・価格・利潤

マルクス／森田《もりた》成也《せいや》◉訳

ぼくらの〝賃金〟は、どうやって決まるのか？マルクスの経済思想の出発点と成熟期の二大基本文献を収録。詳細な〝解説〟を加えた『資本論』を読み解くための最良の入門書。

資本論第一部草稿　直接的生産過程の諸結果

マルクス／森田《もりた》成也《せいや》◉訳

マルクスが、『資本論』の〝もう一つの結末〟を構想して書いた幻の草稿の完全訳。『資本論』を理解するうえで、最も重要な論考をわかりやすく、充実した解説付きで。

光文社古典新訳文庫　好評既刊

論理哲学論考

ヴィトゲンシュタイン／丘沢《おかざわ》静也《しずや》◉訳

「語ることができないことについては、沈黙するしかない」。現代哲学を一変させた20世紀を代表する衝撃の書。オリジナルに忠実かつ平明な革新的訳文の、まったく新しい『論考』。

読書について

ショーペンハウアー／鈴木《すずき》芳子《よしこ》◉訳

「読書とは自分の頭ではなく、他人の頭で考えること」。読書の達人であり、一流の文章家が繰り出す、痛烈かつ辛辣なアフォリズム。読書好きな方に贈る知的読書法。

幸福について

ショーペンハウアー／鈴木《すずき》芳子《よしこ》◉訳

「人は幸福になるために生きている」という考えは人間生来の迷妄であり、最悪の現実世界の苦痛から少しでも逃れ、心穏やかに生きることが幸せにつながると説く幸福論。

カンディード

ヴォルテール／斉藤《さいとう》悦則《よしのり》◉訳

楽園のような故郷を追放された若者カンディード。恩師の「すべては最善である」の教えを胸に度重なる災難に立ち向かう。「リスボン大震災に寄せる詩」を本邦初の完全訳で収録！

寛容論

ヴォルテール／斉藤《さいとう》悦則《よしのり》◉訳

実子殺し容疑で父親が逮捕・処刑された〝カラス事件〟。著者はこの冤罪事件の被告の名誉回復のために奔走する。理性への信頼から寛容であることの意義、美徳を説く歴史的名著。

哲学書簡

ヴォルテール／斉藤《さいとう》悦則《よしのり》◉訳

イギリスにおける信教の自由や議会政治を賛美し、フランス社会の遅れを批判したことで発禁処分となったヴォルテールの思想の原点。のちの啓蒙思想家たちに大きな影響を与えた。

光文社古典新訳文庫　好評既刊

笑い

ベルクソン／増田《ますだ》靖彦《やすひこ》◉訳

〝笑い〟を引き起こす〝おかしさ〟はどこから生まれるのか。形や動きのおかしさから、情況や言葉、そして性格のおかしさへと、喜劇のさまざまな場面や台詞を引きながら考察を進める。

市民政府論

ロック／角田《つのだ》安正《やすまさ》◉訳

「私たちの生命・自由・財産はいま、守られているだろうか？」。近代市民社会の成立の礎となった本書は、自由、民主主義を根源的に考えるうえで今こそ必読の書である。

リヴァイアサン（全2巻）

ホッブズ／角田《つのだ》安正《やすまさ》◉訳

「万人の万人に対する闘争状態」とはいったい何なのか。この逆説をどう解消すれば平和が実現するのか。近代国家論の原点であり、西洋政治思想における最重要古典の代表的存在。

自由論

ミル／斉藤《さいとう》悦則《よしのり》◉訳

個人の自由、言論の自由とは何か。本当の「自由」とは。二十一世紀の今こそ読まれるべき、もっともアクチュアルな書。徹底的にわかりやすい訳文の決定版。（解説・仲正昌樹）

君主論

マキャヴェッリ／森川《もりかわ》辰文《よしふみ》◉訳

傭兵ではなく自前の軍隊をもつ。人民を味方につける…。フィレンツェ共和国の官僚だったマキャヴェッリが、君主に必要な力量を示した、近代政治学の最重要古典。

神学・政治論（上・下）

スピノザ／吉田《よしだ》量彦《かずひこ》◉訳

宗教と国家、個人の自由について根源的に考察したスピノザの思想こそ、今読むべき価値がある。破門と焚書で封じられた哲学者スピノザの〝過激な〟政治哲学、70年ぶりの待望の新訳！

光文社古典新訳文庫　好評既刊

饗宴

プラトン／中澤《なかざわ》 務《つとむ》◉訳

悲劇詩人アガトンの祝勝会に集まったソクラテスほか六人の才人たちが、即席でエロスを賛美する演説を披瀝しあう。プラトン哲学の神髄であるイデア論の思想が論じられる対話篇。

メノン――徳《アレテー》について

プラトン／渡辺《わたなべ》 邦夫《くにお》◉訳

二十歳の青年メノンを老練なソクラテスが挑発する。西洋哲学の豊かな内容をかたちづくる重要な問いを生んだプラトン初期対話篇の傑作。『プロタゴラス』につづく最高の入門書。

プロタゴラス　あるソフィストとの対話

プラトン／中澤《なかざわ》 務《つとむ》◉訳

若きソクラテスが、百戦錬磨の老獪なソフィスト、プロタゴラスに挑む。ここには通常イメージされる老人のソクラテスはいない。躍動感あふれる新訳で甦るギリシャ哲学の真髄。

ソクラテスの弁明

プラトン／納富《のうとみ》 信留《のぶる》◉訳

ソクラテスの裁判とは何だったのか？　ソクラテスの生と死は何だったのか？　その真実を、プラトンは「哲学」として後世に伝え、一人ひとりに、自分のあり方、生き方を問う。

パイドン――魂について

プラトン／納富《のうとみ》 信留《のぶる》◉訳

死後、魂はどうなるのか？　肉体から切り離され、それ自身存在するのか？　永遠に不滅なのか？　ソクラテス最期の日、弟子たちと獄中で対話する、プラトン中期の代表作。

テアイテトス

プラトン／渡辺《わたなべ》 邦夫《くにお》◉訳

知識とは何かを主題に、知識と知覚について、記憶や判断、推論、真の考えなどについて対話を重ね、若き数学者テアイテトスを「知識の哲学」へと導くプラトン絶頂期の最高傑作。